Klaus-Peter Lüdke

Jesus liebt Trans*

Transidentität in Familie
und Kirchgemeinde

Manuela Kinzel Verlag

Impressum:

Manuela Kinzel Verlag
73037 Göppingen
Tel. 07165 / 929 399

info@manuela-kinzel-verlag.de
www.manuela-kinzel-verlag.de

3. Auflage, 2024

ISBN 978-3-95544-096-1

Inhalt

Vision oder Alptraum?

Transidente Kinder und Jugendliche lachen, spielen, gehen angstfrei zur Schule, in den Sportverein, in den Chor und in die Jugendarbeit der Kirchengemeinde. Sie spielen in der Band, im Orchester, im Theater oder hängen mit Freunden ab. Sie haben Familien, die sie vorbehaltlos lieben und unterstützen. Krankenkassen, Ärztinnen und Therapeutinnen fördern sie in ihrer Entwicklung. Transidente Erwachsene müssen sich keinen Kopf mehr über ihre Geschlechtsidentität machen. Sie haben ihren guten Platz in der Arbeitswelt gefunden, leben Partnerschaft und haben Familie. Sie sind engagierte Mitarbeiterinnen und Mitarbeiter im Verein oder in der Kirchengemeinde. Soweit der Traum vieler Transidenter.

Die Wirklichkeit sieht leider nicht selten anders aus. Viele transidente Kinder und Jugendliche erhalten kaum Unterstützung aus der eigenen Familie, stoßen auf wenig Verständnis in der Schule, wo sie schutzlos gemobbt werden. Ahnungsloses Gesundheitspersonal kann ihnen nicht weiterhelfen. Sie erleben Ausgrenzung aus der Kirchengemeinde und leiden unter populistischer Hetze gegen Transidente im Wahlkampf. Die Auseinandersetzung mit der eigenen Transidentität und dem damit verbundenen

Anderssein als die meisten macht ihnen viel zu schaffen. Aber in solch einem Umfeld sind Selbstverletzungen, Suizidversuche, Depressionen oder Angststörungen bei transidenten Kindern und Jugendlichen verständlich. Erwachsene bekommen bei der Berufswahl und bei der Suche nach einem neuen Job Steine in den Weg gelegt und finden im Verein oder in der Kirchengemeinde keinen Platz, weil dort bereits die nächste Unterschriftenliste gegen Gendervielfalt kursiert und in der Kirche ausliegt, oder sie werden aktiv aus den Kreisen, der Abendmahlsgemeinschaft oder gar dem Gottesdienst ausgestoßen.

Jesus dagegen liebt transidente Menschen voraussetzungs- und bedingungslos. Und wir sollten es auch tun, ob in der Familie, Kirche oder Gesellschaft. Als Elternteil eines transidenten Jungen kann ich für die Familie sprechen. Als Pfarrer und Diplom-Theologe richte ich meinen Blick aber auch auf die Chance, unsere Kirchen und Kirchengemeinden in menschenfreundliche und angstfreie Orte zu verwandeln, an denen Liebe und Annahme keine leeren Phrasen bleiben. Denn Jesus liebt Trans*.

Wir hätten es ahnen können

Lange bevor sich unser jüngstes von drei Kindern als Transgender offenbart hat, hätten wir es ahnen können. Wir haben unser Kind wie unsere anderen beiden Töchter so geliebt und angenommen, wie es war; besser gesagt, so wie wir glaubten, dass es ist: als Mädchen. Weil wir keine Erfahrung mit Transidentität hatten und kein Sensorium dafür entwickelt, fielen uns zwar manche seiner Eigenheiten auf. Aber wir hinterfragten sie nicht. Warum auch? Wir sind Eltern und lieben die individuellen Züge unserer Kinder. Das macht sie als Persönlichkeiten aus und so besonders. Als Mama und Papa schätzen wir unsere Kinder wert und fördern sie nach unseren Möglichkeiten. Dazu passt auch das Evangelium der voraussetzungs- und bedingungslosen Liebe Gottes, von dem wir uns als stellenteilendes Pfarrerehepaar inspirieren lassen: Gott liebt dich, so wie du bist! Das wollen wir nicht nur predigen, sondern, so gut es geht, auch leben.

Dass sich unser Kind zu besonderen Anlässen freiwillig kein Kleid und auch sonst nie besonders mädchenhaft anziehen wollte oder die Mädchengeschenke an seinen Geburtstagen achtlos liegen ließ, weckte in uns keine Zweifel. Im Kindergarten spielte es fast ausschließlich mit den Jungs – cool! Meine

Frustration darüber, dass es sich vehement weigerte, die Mädchenbücher zu lesen, die unsere älteren Kinder verschlungen hatten, die Wilde-Hühner-Bände, Maya und Domenico, die Rubinrot-Trilogie, wusste unsere Leseratte damit wegzuwischen, andere interessante Schinken zu schmökern: viel zu früh schon Harry Potter, gefolgt vom Herrn der Ringe, Sherlock Holmes, Shakespeare, Goethe – sehr individuell eben. Und wer legt überhaupt fest, welches Buch für welches Geschlecht geeignet sein soll? Die Episode beim Mädchenfußball? – Ist ja keine reine Männersportart mehr. Während sich ihre gleichaltrigen Freundinnen zu Mädchen entwickelten, zog sich unser Kind zurück. Aber waren das genug Indizien für die Identität unseres Kindes als Junge, von der wir Eltern noch nichts ahnten?

Im Rückblick fügt sich eins ins andere: der erste Schulranzen, der nichts Mädchenhaftes an sich haben durfte, später die Männerrolle im Krippenspiel, dann in der Theater-AG die eifrig trainierte tiefere Stimmlage. Noch bei den Jungenshirts und -hemden dachten wir an eine vorübergehende Phase, und der Kurzhaarschnitt ging einher mit einer lobenswerten Spende der güldenen Pracht für Perücken krebskranker Kinder. Unsere Gespräche über Rollenerwartungen und die Gleichberechtigung der Geschlechter waren vielleicht nicht altersgemäß, aber unser Kind war sehr früh daran interessiert. Für uns zeugte das von einer frühen Entwicklung und Weite. Bei den gemeinsam angeschauten Fantasy-, Science-Fiction- und Actionfilmen identifizierte sich unser Kind selbstverständlich mit den Männerrollen. Nachdenklich und besorgt wurden wir aber erst, als unser Kind begann, seinen Körper abzulehnen und seinen Oberkörper zu plätten. Das war mehr als Pubertät, die wir bei den älteren Kindern wahrgenommen hatten. Es ging unserem Kind nicht gut, aber es wollte noch nicht darüber reden. Dazu zog es sich auch zuhause mehr und mehr zurück.

Alle Indizien zusammengenommen hätten uns auf die Spur „Transidentität“ bringen können, aber wir hatten keine Ahnung. Selbst als uns seine von ihm bereits eingeweihte große Schwester am Flughafen das übrigens sehr lesenswerte Genderheft von *National Geographic* in die Hand drückte und sagte: „Kauft das, das könnte ‚ihr‘ Thema sein“, blieben wir arglos. Wir ließen uns nun aber dazu überreden, einen gemeinsamen Besuch bei einem transidenten Internetfreund unseres Kindes zu erlauben, der uns durch halb Deutschland führte. Erst als uns unser Kind auf dem Weg dorthin eröffnete: „Ich bin transgender f2m (female to male)“, fügten sich bei uns Eltern die Puzzlestücke zu einem Gesamtbild zusammen und gleichzeitig zerbrach unsere Illusion, Eltern einer 13-jährigen Tochter zu sein.

Da wir immer noch keine wirkliche Ahnung hatten, folgten wir unserem Instinkt, hießen unseren *Sohn in unserer Familie herzlich willkommen und bekundeten ihm unsere bedingungslose Liebe. Das war der Anfang unseres Trauerprozesses, uns von unserer vermeintlichen Tochter zu verabschieden. Unsere Gefühlswelt wollte anfänglich nicht immer wahrhaben, was wir gerade erlebten. In unseren Köpfen und Bilderalben sahen wir immer noch Bilder unserer „Tochter“, während unser *Sohn in seiner Erinnerung als Junge unterwegs war und vieles vergessen hatte, was der Wahrnehmung seines eigenen Geschlechts nicht entsprach. Für uns Eltern war diese dicht komprimierte Zeit sehr wichtig, weil der Trauerweg erlaubt, die neue Situation auch emotional anzunehmen und zu gestalten. Hilfreich war natürlich, dass wir zwar dabei waren unsere Tochter zu verlieren, aber nicht unser Kind. Nun hatten wir nach 13 Jahren unseren ebenso von Gott geliebten *Sohn gefunden.

Ein Mensch sieht, was vor Augen ist

Als unser *Junge zur Welt kam, genügte dem Kinderarzt ein Blick zwischen die Beine unseres Kindes, um es zum Mädchen zu erklären. Oft liegen Ärztinnen und Hebammen mit ihrer ersten Einschätzung, die in die Geburtsurkunde eingetragen wird, richtig. Wir haben daraufhin unserem Kind einen eindeutig weiblichen Vornamen gegeben.

Doch mit unserer ersten Einschätzung lagen wir daneben. Mit dem Geschlecht ist es nicht immer so einfach, wie es aussieht. Es kommen Kinder sowohl mit männlichen und weiblichen Geschlechtsmerkmalen zur Welt. Früher wurde dann oft das weggeschnitten, was abstand, um eine Eindeutigkeit zu schaffen, die es in der späteren Geschlechtsidentität des heranwachsenden Kindes nicht gab. Es gibt Kinder, die scheinbar als Mädchen zur Welt kommen, deren männliche Geschlechtsmerkmale erst mit der Pubertät heranwachsen.

Chromosomen sind auch nicht immer eindeutig. Die Geschlechtsmerkmale verteilen sich auf viele Chromosomen, nicht nur auf die XX- und XY-Chromosomen aus dem Biologie-Schulbuch. Es gibt Frauen mit XY-Chromosomen und Männer mit XX-Chromosomen, manchmal fehlt das angeblich entscheidende -X oder -Y, oder es kommen noch weitere Chromosomen dazu. Selten gibt es Menschen mit einer Mosaik-DNA, die in unterschiedlichen Zellen desselben Körpers voneinander abweicht.

Diese vom Schöpfer angelegte Geschlechtsvielfalt in der Bandbreite der Chromosomen bestimmt aber noch lange nicht allein das empfundene Geschlecht. Auch Hormone – ebenfalls eine gute Erfindung des Schöpfers – bestimmen das Geschlecht mit. In den ersten Schwangerschaftswochen sind in allen Menschen alle Geschlechtsmerkmale angelegt. Je nach Hormonausschüttung entwickeln sich dann entweder die weiblichen oder die männlichen Geschlechtsmerkmale, manchmal auch beide.

Die Geschlechtsmerkmale finden sich nicht nur zwischen den Beinen, im Unterleib oder später am Oberkörper. Das Zentrum der Geschlechtsidentität befindet sich zwischen den Ohren. Sehr häufig entspricht die geschlechtliche Entwicklung des Gehirns der geschlechtlichen Entwicklung der Keimdrüsen und der äußerlich sichtbaren Geschlechtsmerkmale. Da der Körper aber im Laufe seiner geschlechtlichen Entwicklung unterschiedlichen Hormonpegeln oder chromosomalen Bauplänen unterliegen kann, ist nicht immer das Sichtbare das, was das empfundene Geschlecht bestimmt. So sagt es der Schöpfer selbst im 16. Kapitel des ersten Samuelbuches: *Ein Mensch sieht, was vor Augen ist; der HERR aber sieht das Herz an.*

Was ist Transidentität?

Man spricht von Transidentität, wenn die eigene Geschlechtsidentität von dem bei der Geburt zugewiesenen Geschlecht abweicht. Geschlechtsidentität heißt dabei, dass dem empfundenen Geschlecht keine Wahl, Entscheidung oder Laune zugrunde liegt. Sie ist in der jeweiligen Persönlichkeit tief verankert und angelegt. Der empfundene Widerspruch zu den körperlichen Geschlechtsmerkmalen kann zu einer Persönlichkeitskrise führen.
Unser Kind leidet nicht an seiner Transidentität. Sie gehört wie selbstverständlich zu ihm, und sein empfundenes Geschlecht als Junge ist sein einziges. Jedoch leidet unser Kind an seinem weiblichen Körper, den er als nicht zu sich gehörig empfindet. Alte Kinderbilder von ihm sind für ihn kaum auszuhalten, wenn er dort als Mädchen erkennbar ist.

Die äußere Angleichung an die eigene Geschlechtsidentität bedeutet eine größere innere Stimmigkeit der transidenten Person mit sich selbst. Zwar bleibt ihr eigener Körper, sofern er noch an das Geburtsgeschlecht erinnert, eine lebenslange Herausforderung, jedoch ist das soziale Leben im Identitätsgeschlecht eine wesentliche Erleichterung und für viele eine Bedingung zur empfundenen Überlebensfähigkeit und Lebensfreude. Dazu gehören der Name im

Identitätsgeschlecht und geschlechtskonforme Kleidung, nach Möglichkeit auch eine Angleichung des Körpers an das Identitätsgeschlecht. Dafür sind mit Beginn der Pubertät Hormonblocker, danach gegengeschlechtliche Hormongaben, später chirurgische Angleichungen hilfreich und oft auch notwendig.

Transidentität wird in der Öffentlichkeit häufig mit der Kunstform der Travestie verwechselt, die mit dem gegengeschlechtlichen Aussehen und dem Rollentausch spielt. Gemeinsam ist ihnen das Cross-Dressing, das Anziehen von Kleidung im Gegengeschlecht. Wer sich als transident erlebt, will sich auch äußerlich an das empfundene Geschlecht anpassen. Doch geht es bei der Transidentität im Kern nicht um äußerliche Fragen von Style, Kleidung und Rollenverhalten, sondern um die Fragen: Wer bin ich und was bin ich? Dabei steht die Antwort fest: Ich bin ein Junge, beziehungsweise ein Mädchen, ein Mann beziehungsweise eine Frau, obwohl mein Körper das bei der Geburt nicht hergab.

Die empfundene Geschlechtsidentität ist unabhängig von dem bei der Geburt zugewiesenen Geschlecht. Bei den meisten Menschen stimmt das zugewiesene Geschlecht mit der Geschlechtsidentität im Kopf überein. Darüber hinaus spricht man auch noch vom sozialen Geschlecht. Das ist die Geschlechtsrolle, die man lebt, die Art wie man sich kleidet, frisiert, wie man sich in seine Geschlechtsrolle hineingibt, wie sie auch von großen Teilen der Gesellschaft erwartet wird. Bei transidenten Menschen kommt es im Laufe ihrer Biografie meist zu einem sozialen Rollenwechsel weg vom zugewiesenen Geburtsgeschlecht hin zur selbst empfundenen Geschlechtsidentität.

Unser Kind kam scheinbar als Mädchen zur Welt, empfand aber, Junge zu sein. Er hatte sein Gefühl, anders zu sein, als sein Umfeld es empfindet, nicht baldmöglichst in Worte fassen können. Andere Transkinder überraschen ihre Eltern bereits mit dem Erlernen der Sprache im Kita- oder Kindergartenalter mit ihrer formulierten anderen Geschlechtsidentität, die sie bereits ausleben oder dann auch ausleben wollen. Als vermeintlicher Junge geboren, wollen sie zum Beispiel Kleider anziehen, und als vermeintliches Mädchen lassen sie Puppen, Feen, Lippenstift und Glitzerfarben links liegen, weil es ihrem Sein nicht entspricht. Sie wehren sich gegen die für sie falsch empfundene Einteilung in Gruppen von Mädchen und Jungen, wenn sie sich zu der zugewiesenen nicht zugehörig fühlen.

Unser Kind erklärte uns geduldig: „Ich will kein Junge sein. Ich bin einer.“ Er konnte sein angebliches Geburtsgeschlecht seit seiner Pubertät nicht mehr aushalten, weswegen er sich aus seiner sozialen Rolle als Mädchen mehr und mehr zurückzog und alles ablehnte, was ihn daran erinnerte. Die Urlaubsfotos im Bikini etwa, die noch in unserer Wohnung hingen – wir haben sie inzwischen durch neue Bilder ausgetauscht.

Die Entdeckung der eigenen Transidentität ist eine Krisenzeit, an der Kinder und Jugendliche zerbrechen können, wenn sie von ihrer Familie und ihrem Umfeld nicht ernst genommen und unterstützt werden. Problematisch ist dabei neben der gelebten Rolle im falschen Geschlecht die Furcht vor der weiteren Entwicklung der Geschlechtsmerkmale. Die Ablehnung des eigenen Körpers hemmt sie, sich selbst ganzheitlich anzunehmen. Solch eine „Body Dysphoria“ kann unterschiedlich stark ausgeprägt sein. In der Vergangenheit wurde Transidentität als Geistesstörung angesehen oder versucht, sie als Krankheit wegzutherapieren, was nicht funktionierte. Das waren für die Persönlichkeit und Identität sehr schädliche Prozesse.

Heute ist medizinisch und psychologisch die Annahme der eigenen empfundenen Geschlechtsidentität als hilfreicher Weg anerkannt. Kern der Diagnostik von Transidentität ist das eigene Erleben des transidenten Menschen. Zum therapeutischen Weg gehört der „Alltagstest“ im neuen sozialen Geschlecht, bei dem das empfundene Geschlecht in allen sozialen Bezügen gelebt werden soll. Dieser Langzeittest ist derart einschneidend, dass er jede vorrübergehende „Entwicklungs-Phase“, von der betroffene Eltern anfangs noch träumen, jäh beenden würde. Für unser Kind war die Erlaubnis und Aufforderung, in allen Lebenswelten im eigenen Geschlecht zu leben, ein Akt der Befreiung.

Im Umgang mit einem selbst empfundenen Problemkörper ist therapeutische Begleitung notwendig. Bei transidenten Kindern kann die Pubertät ins unerwünschte Geschlecht auch medizinisch blockiert werden. Eine Hormonblockade könnte schadlos wieder rückgängig gemacht werden. Später kann gegenhormonell in Richtung des erwünschten Geschlechts gearbeitet werden. Für transidente Erwachsene mit einem sehr problematischen Erleben des eigenen Körpers bezahlt die Krankenkasse auch chirurgische Angleichungen an das empfundene Geschlecht. Bis dahin gibt es etliche Hürden zu überwinden: Das Leben im empfundenen Geschlecht über einen längeren Zeitraum, eine psychiatrisch-fachärztliche Diagnose der Transidentität und ausführliche Untersuchungen des Körpers, des Blutes, der Hormone und manchmal auch der Gene gehen solchen Schritten voraus.

Am wichtigsten für transidente Kinder und Jugendliche ist die Chance, in einem angstfreien Umfeld von Akzeptanz, Toleranz und Vielfalt aufzuwachsen. Doch das ist leider nicht selbstverständlich und für sie aus eigener Kraft nicht zu leisten. Als Eltern eines transidenten Kindes erleben wir uns selbst nahezu allein in der Verantwortung, in unserer Familie, vor unseren Freunden, vor der Schulleitung, vor der Krankenkasse, am Bankschalter oder in der Kirchengemeinde für die elementaren Bedürfnisse und die Akzeptanz unseres transidenten Kindes einzustehen. Für jede positive Reaktion und jedes Zeichen von Verständnis sind wir dankbar, aber erleben es gleichzeitig auch als nicht selbstverständlich. Erwachsene Transidente müssen in ihrem erweiterten sozialen Umfeld häufig ohne Unterstützung von außen auskommen. Viele verlieren ihren Arbeitsplatz oder haben große Schwierigkeiten, sich auf einen neuen Arbeitsplatz zu bewerben, wenn ihre Transidentität offensichtlich ist oder wird. Manchmal haben sie auf ihrem langen Weg wertvolle Teile ihrer Familie und Freundschaften verloren. Wir ahnen es, wie schwer das sein kann.

Der Stern* vor dem Vornamen transidenter Menschen oder nach der Trans-Silbe kennzeichnet im Netz oder in der Literatur das empfundene Identitätsgeschlecht, das vom zugewiesenen Geburtsgeschlecht abweicht. Das ist nicht nur bei transidenten Menschen Thema. Es gibt Menschen, die können sich keinem der beiden Geschlechtspole zuordnen. Das kann anatomische Gründe haben, etwa bei intersexuellen Menschen, die gleichzeitig mit weiblichen und männlichen Geschlechtsmerkmalen geboren werden, oder auch fest in der eigenen Identität verankert sein. Andere Menschen empfinden sich beiden Geschlechtspolen zugehörig oder als geschlechtslos, neutral, irgendwo dazwischen oder kommen ins Schwimmen, wenn es um eine feste Zuordnung ihres Geschlechts geht. Sie werden im Stern hinter der Transsilbe solidarisch mitgetragen, obwohl jedes dieser Gender nicht Transidentität im eigentlichen Sinne meint.

Auf der Klassenliste steht natürlich kein Sternchen vor dem Namen. Der Stern geht einher mit dem Wunschnamen des transidenten Kindes, Jugendlichen oder Erwachsenen. Und sollten wir das nicht alle sein, erwünschte, geliebte Kinder? Für mich bedeutet das Sternchen vor dem Namen, der Geschlechtsbezeichnung oder nach der Trans-Silbe deshalb auch: *Ich bin von Gott geliebt, so wie ich bin.

Transformation – die Umsetzung der eigenen Identität

Martin Luther erklärte einmal in seinen Schmalkaldischen Artikeln, uns Menschen sei keine Macht gegeben, aus einem Männlein ein Fräulein oder aus einem Fräulein ein Männlein zu machen. Anders sieht es aber aus, wenn die Transidentität Gottes Gabe und Herausforderung an einen Menschen ist. Dann sind alle Menschen dazu eingeladen, ihn bei seinem besonderen Schöpfungswerk zu unterstützen. Ärztinnen, Ärzten und Fachmenschen hat er dazu allerhand hilfreiche Weisheit verliehen.

Unser Kind hat selbständig angefangen, in der eigenen Identität zu leben. Kleidung, die ans alte Geschlecht erinnerte, hat es abgelegt und angefangen, nur noch Jungenkleidung zu tragen. Als *er sich seine geschlechtskonforme Frisur zulegte, lebte er bereits in einem geschützten Raum unter ausgesuchten Freundinnen und Freunden im Netz und bei wenigen vor Ort mit seinem neuen Namen, von dem wir erst später erfuhren. Der Schritt in die Öffentlichkeit der Familie und später darüber hinaus war für ihn befreiend, obwohl er nicht alle Probleme beiseitegeschoben hat. Zunächst taten sich dadurch viele neue Schwierigkeiten und Entscheidungen auf, die es dann aber gemeinsam zu bewältigen galt. Immerhin, die große innere Not der Einsamkeit in seinem Erleben und Empfinden war erst einmal überwunden. Und für seine innere Auseinandersetzung mit seiner besonderen Identität konnten wir nun gemeinsam nach Unterstützung suchen.

Heute kann er sein soziales Geschlecht leben, das ihm entspricht: Was seine Kleidung, sein Styling, Verhalten, seinen Namen und seine Beziehungen angeht, ist er freier. Manches Terrain war für ihn kurz nach dem Outing noch neu, weil ihm die Übung fehlte. Aber auch seinen Körper passt er äußerlich mehr und mehr an seine Identität an. Transjungen tragen nach Beginn der Pubertät häufig Binder, die ihren Oberkörper flach machen wie eine Männerbrust. Eigentlich soll man ihn nicht länger als acht Stunden am Tag tragen. Manchmal lassen die Alltagserfordernisse diese Begrenzung aber nicht zu.

Schließlich versuchte unser Junge, bereits ohne Hormongaben, seine Stimme zu beeinflussen. Er singt im Chor und hat es vor seinem Outing durch eifriges Üben und Stimmbildung von der Oberstimme bis hinunter in den Alt II gebracht. Nach seinem Outing konnte er sofort in den Tenor wechseln. Das alles hat seiner Stimme nicht geschadet. Bleibt nur noch zu erwarten, dass seine Stimme mit

Testosteron nochmals eine Oktave fallen wird. Bei Transmädchen ist es für die Stimme besonders wichtig, rechtzeitig vor dem Stimmbruch die Hormone des unerwünschten Geschlechts zu blockieren. Das gewährt mehr Zeit für die Transformation und erhält die höhere Stimmlage. Bei transjugendlichen und -erwachsenen Frauen kann die Stimme allerdings auch schon „mutiert" sein, weil sie keine Unterstützung für ihren Weg bekamen, sich selbst ihre Identität nicht erlaubten oder sich in einem schwierigen Umfeld erst später trauten, zu ihrer vom Körper abweichenden Geschlechtsidentität zu stehen. Es gibt dann immer noch Stimmtechniken, die unerwünschte Frequenzen ausblenden und es den Frauen ermöglichen, in ihre erwünschte Stimme zu switchen. Geschulte Logopädinnen und Logopäden können hier helfen.

Hormonblocker stoppen die körpereigene Ausschüttung von Östrogen und Testosteron und damit die weitere Entwicklung des Körpers in Richtung des unerwünschten Geschlechts. Hormonblocker und Hormone sind nicht leicht zu bekommen. Bis dahin musste unser Kind drei ausführliche Diagnosen hinter sich bringen, zwei davon an der Universitätsklinik. Die allererste Diagnose zur Transidentität wurde durch die Krankenkasse von einem unabhängigen Gutachter überprüft. Es sollte eigentlich nur eine Diagnose eines ärztlichen Psychotherapeuten genügen, um Hormonblocker geben zu können. Für die Gabe von Hormonen gibt es Richtlinien, die neben dem fachärztlichen Gutachten ein Mindestalter, eine Mindestdauer der gelebten Transidentität und eine begleitende Psychotherapie vorsehen. Das Mindestalter (derzeit 16 Jahre) kann medizinisch begründet in schwerwiegenden und langjährigen „Fällen" unterschritten werden.

In der Schweiz wird das Selbstbestimmungsrecht der Jugendlichen ernster genommen als in Deutschland. Wenn sie informiert sind und keine medizinischen Gründe dagegensprechen, sind Hormongaben früher als mit 16 Jahren und selbst ohne Einverständnis der Eltern möglich. Allerdings müssen dazu erst Fachärztinnen oder Fachärzte gefunden werden, die diesen Weg gutheißen. In Österreich können nach einer ausführlichen diagnostischen Phase und mit psychotherapeutischer Begleitung Hormonblocker mit Anbruch der Pubertät und gegengeschlechtliche Hormone ab 16 Jahren gegeben werden.

Transidentes Outing

Die Änderung des sozialen Geschlechts ist für viele beobachtende Außenstehende sehr auffällig. Manche aber, wie der Klassenlehrer unseres Sohnes zum Beispiel, dem der Wandel unseres Kindes nicht als etwas Besonderes aufgefallen war, nehmen die Veränderungen nicht bewusst wahr oder verbinden sie nicht mit Transidentität. Irgendwann aber kommt es – wenn kein Ortswechsel ansteht und der Abbruch aller bisherigen Beziehungen nicht in Frage kommt – zum unvermeidlichen Outing. Wir haben es gemeinsam vorbereitet: „Ihr kümmert euch um die Erwachsenen, ich mich um die Gleichaltrigen", gab unser Kind den Ton an.

Manche Eltern von Transkindern schreiben nach Gesprächen mit den Pädagoginnen und Pädagogen einen Brief an die Kita-Eltern oder Kindergarteneltern. In der Grundschule nutzen manche Eltern einen Elternabend. Unser Kind hat zunächst mit der Vertrauenslehrerin gesprochen und dann gemeinsam mit uns mit Klassenlehrer und Schulleitung. Daraufhin schrieben wir einen erläuternden Brief an die Lehrerinnen und Lehrer unseres Kindes. Sie reagierten verständnisvoll und unterstützend:

Liebe Lehrerinnen und Lehrer der Klasse 7x,

Sie haben bislang unser Kind unter dem Namen n.n. unterrichtet. Nun wenden wir uns an Sie, weil unser Kind mit dem Anbruch der Pubertät bemerkt hat, dass sein ihm bei der Geburt zugewiesenes Geschlecht als Mädchen und der zugehörige Körper nicht mit seiner empfundenen Identität als Junge übereinstimmt: Er hat festgestellt, dass er ein Junge in einem weiblichen Körper ist.

Seit Beginn der Klasse 7 hat sich unser Kind einen Jungennamen gegeben, Jakob (Name geändert), den er nach und nach in seinen engsten Beziehungsnetzwerken eingeführt hat. Dazu kamen – wie Sie es miterlebt haben, ohne sich viel dabei denken zu müssen – der neue Haarschnitt und Jungen-Kleidung.

Als wir als Familie in das Erleben von Jakob eingeweiht wurden, mussten wir uns selbst erst damit auseinandersetzen, was Transidentität ist, uns mit anderen Eltern transidenter Kinder vernetzen und hatten auch die Gelegenheit, mit jungen und erwachsenen transidenten Menschen zu reden und uns über ihr Erleben auszutauschen. Sie haben uns geholfen, es nicht bei unserem Schock und unserer Trauer bewenden zu lassen, sondern Jakob auf sei-

nem Weg voll zu unterstützen. Auch Jakob hat gleichaltrige, transidente Jugendliche kennengelernt. Transidentität ist nichts, was man sich aussucht, und es entsteht auch nicht aus einer hormonellen Laune heraus, sondern ist ein wahrscheinlich vorgeburtlich festgelegtes Identitätsmerkmal: „Ich will kein Junge sein, ich bin einer." Bei Jakob ist die Transidentität mit einer Ablehnung seines Körpers und hohem Leidensdruck verbunden.

Da wir nicht wissen, inwieweit Sie mit dem Thema Transidentität vertraut sind, hier ein paar Fakten:

Seit einem Jahr hat sich unser Kind über Transidentität informiert: Transidentität ist keine Krankheit, es hat auch nichts mit der sexuellen Orientierung zu tun. In der vergangenen Jahrhunderthälfte lautete der Begriff Transidentität noch Transsexualität. Dieses Wort traf die Sache nicht richtig, weil nicht die Sexualität, sondern die eigene Identität betroffen ist. Eine von 430 Personen in Deutschland ändert den Namen und Personenstand aufgrund von Transidentität vor dem Gericht.

So weit sind wir noch nicht. Bis dahin sind bei Jakob noch zwei psychiatrische Gutachten und ein „Alltagstest" notwendig. Und beim Alltagstest sind wir bei Ihnen als begleitende Lehrer angekommen.

Nachdem die Transidentität psychotherapeutisch eindeutig diagnostiziert ist, haben wir für Jakob einen amtlich anerkannten Ergänzungsausweis unter dem Namen ‚Jakob Lüdke' beantragt. Nun soll er psychotherapeutisch begleitet in allen Sozialräumen ganz in seiner Identität als Junge leben. In der Großfamilie ist Jakob als Junge eingeführt. Doch weil er unter der Doppelidentität als Junge und noch als Mädchen sehr leidet, bitten wir alle, ihn in seiner neuen Identität als Junge anzunehmen, nun auch in der Schule. Er leidet sehr unter seiner aufgezwungenen Geschlechterrolle durch Schule und Umfeld. Auch der Sportunterricht sowie die Nennung seines „alten" Namens bereiten ihm psychische Schmerzen.

Ihre Aufgabe wird sein, Jakob bei seinem „neuen" Namen zu nennen und auf die richtigen Pronomen zu achten (er/sein/…). Im neuen Schuljahr wird er in der neuen Schulklasse auch im Klassenbuch als Jakob geführt werden können. Für die Übergangszeit hat Jakob von der Schulleitung nicht nur alle Unterstützung, sondern auch einen eigenen WC-Zugang erhalten. Wenn er die Sicherheit empfindet, ohne Diskriminierung das Jungenklo besuchen zu können, wird er dies dann auch tun. Für den Sportunterricht brauchen wir neben der pädagogischen auch noch ärztliche und psychotherapeutische Un-

terstützung, weil unser Kind seinen Körper im „falschen" Geschlecht ablehnt.

Der Alltagstest wird nach jetziger Rechtslage in einen Lebenslauf einfließen, den Jakob beim Amtsgericht zur Namens- und Personenstandsänderung einreichen wird, zusammen mit den entsprechenden Gutachten.

Jakob hat Frau XY als Vertrauenslehrerin selbst informiert. Herrn REKTOR und Herrn KLASSENLEHRER haben wir mit Jakob gemeinsam aufgesucht. Nun soll noch in diesem Schuljahr sein Name und Geschlecht in der Klasse eingeführt werden, damit im nächsten Schuljahr Jakob nicht von seinen „alten Mitschülern" unter seinem alten Namen angeredet wird, während er in seiner neuen Klasse als Junge beginnt. Zum jetzigen Zeitpunkt weiß der Großteil seiner Mitschüler noch nicht darüber Bescheid; dieses „Coming Out" steht noch bevor. Den Termin dafür wird Jakob mit Frau VERTRAUENSLEHRERIN und Herrn KLASSENLEHRER absprechen. Vielleicht hält er ja ein Referat zur Transidentität im Biologieunterricht oder in einer Klassenlehrerstunde? Er wäre dazu bereit. Aus diesem Grund bitten wir Sie vorerst um Diskretion und, wenn sich Jakob dann vor der Klasse als Junge vorgestellt hat, um Ihre volle Unterstützung.

Wir sind dankbar, dass in unserem Land die Bildung in Bezug auf Toleranz, Akzeptanz und Vielfalt eine der wesentlichen pädagogischen Leitlinien ist. Darum sind wir, was die nächsten Schritte an der Schule angeht, zuversichtlich. Wenn wir Sie darin unterstützen können, melden Sie sich bitte bei uns oder bei Jakob. Es gäbe auch die Möglichkeit vom Bundesverband Trans oder Trans-Kinder-Netz zur Schulung der Lehrerschaft. Wir geben gerne Auskunft. Eine kurze und gute Einführung in die Thematik und um transidente Kinder und Jugendliche gibt auch http://www.trans-kinder-netz.de.*

Mit freundlichen Grüßen

Ihre

An die Fachlehrerin in Biologie (Sexualkunde), Sport, den Chorleiter und Leiter der Theater-AG haben wir ergänzende Briefe geschickt, die auf die besonderen Lagen in ihrem Verantwortungsbereich Bezug genommen haben. Das Outing in der Klasse, im Chor und Theater war am selben Tag, bei dem unser Kind, begleitet von der Vertrauenslehrerein und dem Religionslehrer, vor der Klasse für sich selber sprach. Danach war er glücklich und platt. Tags darauf ging er unter neuem Namen zum ersten

Konfirmandenunterricht. Er wechselte vom Alt II in den Tenor und in die Jungengruppe des geschlechtsgetrennten Sportunterrichts. Die Fragen ums Umziehen in der Kabine hat die Schule im Einvernehmen mit unserem Kind selbst gelöst. Der Sportunterricht im Identitätsgeschlecht ist für unser Kind sehr wertvoll. Die Schule ermöglichte den Namenswechsel in der Klassenliste und im Zeugnis, obwohl wir noch keinen amtsgerichtlichen Bescheid vorlegen konnten. Aber sie handelte pädagogisch und nicht von Ängsten geleitet.

Wichtig ist es, sich für die Gespräche mit der Kindertagesstätte, dem Kindergarten und der Schulleitung gut zu informieren und sorgfältig vorzubereiten, da es für sie oftmals eine Erstbegegnung mit Transidentität ist. Den Vorbehalten und Unsicherheiten seitens der Pädagoginnen und Pädagogen kann mit Klarheit und Sicherheit seitens der Eltern begegnet werden. Die Transidentitäts-Netzwerke helfen gerne auch mit Schulberatungen.

Für die Eltern und anderen Erwachsenen haben wir den Weg des Gespräches gesucht, soweit unsere Kräfte und Zeit reichten. Das war eine sehr intensive Zeit. Vorangegangen war die Einführung unseres *Sohnes in unserer erweiterten Familie, wobei wir in ihr zunächst von begeisterter Zustimmung bis hin zu großen Sorgen und Kritik auf die ganze Bandbreite emotionaler und kognitiver Empfindungen gestoßen sind. Das bedeutete natürlich noch mehr Gespräche und viel nachzuarbeiten und nachzulernen, weil wir uns selbst in vielen Punkten erst schlau machen mussten, über die wir selbst noch keine Ahnung hatten.

Es gibt gute Literatur in seriösen Verlagen, jedoch wenig zur Transidentität bei Kindern und Jugendlichen. Allerdings sind wir in keiner Buchhandlung fündig geworden, da das Thema zu selten nachgefragt wird. Vielen Eltern transidenter Kinder hilft das Buch „Wenn Kinder anders fühlen. Identität im anderen Geschlecht“ von Brill und Pepper ab der zweiten, aktualisierten Auflage.

Sehr hilfreich für mich und für andere Eltern transidenter Kinder und Jugendlicher ist das „trans-kinder-netz.de“ mit einem geschützten Forum voller Informationen und Erfahrungsberichte. Dort wurde uns auch die Therapeutin unseres *Sohnes empfohlen. In manchen großen Städten gibt es ein Beratungsangebot. Die dgti hat eine gute Sammlung zur Transidentität und ermöglicht einen amtlich anerkannten Ergänzungsausweis mit dem neuen Namen. Der Bundesverband Trans* informiert und kümmert sich auch um die Lobbyarbeit. Alles in allem sind aber die Beratungsangebote, informierte Psychologinnen, Psychologen, Ärztinnen, Ärzte, Therapeutinnen und Therapeuten nicht wirklich flächendeckend präsent. Und wer wie wir auf dem Land oder in der Kleinstadt lebt, muss manchmal sehr weite Strecken auf sich nehmen. Aber die Unterstützung, die sie geben, ist äußerst hilfreich und notwendig auf dem Weg in die empfundene Geschlechtsidentität.

Das Outing ist ein intensiver Prozess, der an künftigen Schulen oder später im Beruf nicht mehr wiederholt werden muss. Ist der Transformationsprozess abgeschlossen, geht das bei der Geburt zugewiesene Geschlecht niemanden mehr etwas an. Sogar die Geburtsurkunde wird neu ausgestellt.

Bis 2023 wurden die Namens- und Personenstandsänderung vor dem Amtsgericht im Rahmen einer Prozesskostenhilfe von diesem bezahlt, wenn die Eltern oder der transidente Erwachsene dafür nicht aufkommen konnte. Dennoch war der Weg vor dem Amtsgericht in Deutschland sehr aufwendig: zwei kostenintensive, unabhängige, psychiatrische Gutachten waren zu erstellen, dazu kam der Alltagstest in allen sozialen Bezügen mit einem dazugehörigen ausführlichen Lebenslauf des *Kindes oder des *Erwachsenen. Wenige Amtsgerichte kamen den

Betroffenen freundlich entgegen. Andere bauten weitere Hürden auf. Auf 430 Geburten kam 2016 nach Auskunft des Bundesjustizamtes eine Namens- und Personenstandsänderung nach dem veralteten „Transsexuellengesetz“. 2023 hat die Bundesregierung ein Selbstbestimmungsgesetz auf den Weg gebracht. Die teuren Gutachten und der Weg zum Amtsgericht entfallen, wenn die Erziehungsberechtigten die Geschlechtsidentität ihres Kindes einvernehmlich bejahen.

Viele Trans*Kinder von geschiedenen Eltern leiden unter deren Rosenkrieg doppelt, wenn ein Elternteil die Zustimmung prinzipiell verweigert. Dann ist die Klage vor dem Familiengericht – im Konfliktfall mit Gutachten – doch notwendig. So oder so schließt dieser Schritt das Outing ab. Nun gilt es, ganz und gar in der empfundenen Geschlechtsidentität zu leben.

Woher kommt Transidentität?

Niemand kann bis heute gänzlich die Ursachen von Transidentität erklären. Die meisten Wissenschaftler glauben, das Identitätsgeschlecht sei vorgeburtlich festgelegt, mehrere Studien sehen einen Zusammenhang zu vorgeburtlichen Hormonpegeln, die die Geschlechtsidentität mitbeeinflussen. Nur den Mechanismus dafür haben sie noch nicht gefunden; weder in den Chromosomen noch allein in den Hormonen liegt die Erklärung. Es gibt eineiige Zwillinge, der eine transident, der andere nicht. Es gibt aber auch Häufungen von Transidentität in Verwandtschaften. Ich würde gerne mehr davon verstehen, habe aber genug davon verstanden, um mein Kind vorbehaltlos zu unterstützen.

Es hilft auch nicht, eine Schuld für die Transidentität bei sich selbst zu suchen, auch nicht bei sich als Eltern eines Trans*Kindes. Wir haben als Eltern alles an uns hinterfragt. Die Schwangerschaften waren alle gewöhnlich verlaufen und wir haben unsere drei Kinder weitgehend gleich erzogen. Dabei haben wir manchmal gefrotzelt, dass wir schon mal für deren Psychotherapie (sie zahlt nun die Krankenkasse) sparen könnten. Wir hinterfragten selbst unsere eigene Geschlechtlichkeit. Und es war kein wohltuendes Gefühl, das eigene Mann- oder Frausein in Frage zu stellen. Und dennoch war eine unserer drei „Geburtstöchter“ nun unser Sohn. Das erleben selbst Zwillingseltern, die ihre eineiigen Kinder weitestgehend gleich aufgezogen haben. Vor allem aber hilft die Ursachensuche nicht dabei, das eigene Trans*Kind als solches anzunehmen.

Wer tapfer die Ursachen- und Schuldfrage ruhen lässt, muss sich leider darauf einstellen, dass es andere aus dem eigenen Umfeld nicht tun. Sie werden „fündig“ und eruieren vergangene Sünden oder die der Voreltern, tippen auf Besessenheit, Seelenwanderungen, Geister, Erziehungsfehler, Planeten- oder Geschwisterkonstellationen. Auch wenn uns der eine oder andere Vorschlag Gott sei Dank nur belustigte, es kostet doch viel Kraft und raubt in diesen Zeiten den so dringend benötigten Schlaf.

Eltern sollten ihr *Kind davor schützen, dass solcher Psycho-Müll aus dem Umfeld direkt an das *Kind herangetragen wird! Hier sind viele Gespräch von Nöten. Unser *Sohn hat ein feines Gespür entwickelt, vor welchen Menschen er sich schützen muss. Er wird allerdings von weitaus mehr positiven Rückmeldungen – auch von Außenstehenden – bestärkt und unterstützt.

Jesus liebt Trans*!

Als Eltern haben wir unserem Kind gerne geholfen, ein soziales Umfeld zu schaffen, in dem er als *Junge Annahme und Akzeptanz erfährt. Doch würde das auch in der Kirche gelingen? Gelten hier nicht feste, biblische Vorstellungen, dass Gott Mann und Frau geschaffen habe und damit basta!? Die Bibel ändert sich doch nicht mit der heutigen Annahme eines transidenten Geschlechts! Fällt dann unser Kind aus der biblischen Tradition heraus oder womöglich gar aus der Gnade?

Mit solchen Fragen konfrontiert, suchten wir den Kontakt zu jungen, transidenten Christ*innen, um mit ihnen zu reden, sie zu befragen und mit ihnen gemeinsam die Bibel zu lesen. Uns beruhigte zutiefst, wie fröhlich und unbeschwert viele von ihnen waren, mit welch tiefem Ernst und mit welcher Freude sie (immer noch) glaubten und Bibel lasen, und dass sie dabei keine andere Bibel und keinen anderen Glauben besaßen als wir. Wir standen auf derselben Grundlage. Und doch rückten bei ihnen andere Bibelstellen in den Fokus, die ich bislang noch nicht auf dem Schirm hatte.

Pharisäer befragten Jesus in Ehefragen ausführlich, bis sie ihn auf das Problem der Ausnahmetatbestände hingeführt hatten. Ausgrenzung und Absonderung waren ihre eigenen, engen Möglichkeiten, mit Menschen umzugehen, die anders waren als sie selbst. Jesus dagegen öffnete ihnen und uns die Augen für eine differenzierende und wertschätzende Wahrnehmung (Matthäus 19,12): Es gebe Menschen mit einem von Geburt an außergewöhnlichen Geschlecht. Manchen Menschen sei das Geschlecht gewaltsam genommen worden und manche verzichteten freiwillig auf Geschlechtsfestlegungen um des Reiches Gottes willen. Unter die letzten der drei Gruppen zähle ich auch Jesus oder später Paulus, die frei von einer Partnerschaft allen Menschen, Frauen, Männern wie anderen vorbehaltlos begegnen wollten. Und nach seiner Aufzählung verflucht Jesus keine dieser Gruppen, wie es sich vielleicht manche Pharisäer gewünscht hätten, sondern erklärt sie für normal: Wer es fassen kann, der fasse es. – Wer sie annehmen kann, der nehme sie an. Jesus liebt Trans*Menschen und will nicht, dass sie gegen ihre Identität leben, die er als Schöpfer in sie hineingelegt hat.

Dass Jesus Trans*Menschen liebt, spiegelt sich auch beim Apostel Paulus wieder: Nachdem er die voraussetzungs- und bedingungslose Liebe Gottes im Glauben an Jesus Christus festgehalten hat, erklärt er in Galater 3 für die getauften Kinder Gottes, dass vor Gott die Unterschiede zwischen den Menschen nicht mehr zählten. Das gelte sowohl für die ethnische oder soziale Herkunft als auch für das Geschlecht: *Hier ist weder Mann noch Frau.* Vor Gottes liebenden Augen haben trennende Gendergrenzen keinen Bestand. Gott liebt demnach auch transidente Menschen in gleicher Weise wie andere Frauen und Männer.

Wenn Körper und Identität auseinanderfallen

Noch ehe unser Junge mit seiner Transidentität auf uns Eltern zukam, hatten wir gemerkt, wie tief er (dessen wahres Geschlecht uns damals noch nicht bewusst war) litt. Er zog sich in sein Zimmer zurück, mied frühere Freundinnen und Freunde, begann sich äußerlich von seinem biologischen Geschlecht zu distanzieren, kleidete sich anders, ließ sich die Haare abschneiden und verspürte die unerfüllbar scheinende Sehnsucht, sich von seinem eigenen Körper distanzieren zu können, zumindest dort, wo er nach außen hin sichtbar von der Geschlechtsidentität abweicht. Als Kind war unser Kind im Freibad manchmal stundenlang am Tag geschwommen. Nun verweigerte er jedem den Blick auf seinen Körper. Manches davon könnte im Rahmen der Pubertät erklärbar und verständlich sein. Doch für unseren Jungen waren Monatsblutungen eine Katastrophe: Kränkungen und Niederlagen durch den eigenen Körper. Mit seiner Öffnung uns gegenüber bekamen wir einen tieferen Einblick in seine Depression und Panikattacken. Die Pubertät ist ein kritischer Punkt, wenn die körperliche Entwicklung gegen die eigene Geschlechtsidentität nicht durch Medikamente aufgehalten werden kann oder durch medizinische Hormongaben gegengesteuert wird. Unser Kind war schon vom Zug seiner Pubertät, der in die falsche Richtung raste, abgesprungen. Nur raste der Körper-Zug immer noch weiter. Unser Kind konnte ihn alleine nicht stoppen.

Ohne fachlich versierte Unterstützung fühlten wir uns als Eltern ebenso überfordert. Dasselbe gilt allerdings oft auch für Ärztinnen und Ärzte. Nicht jede Psychotherapie oder fachärztliche Sprechstunde ist bei Transidentität auch fachlich versiert. Viele transidente Menschen sind an und mit ihren verständnislosen Fachleuten verzweifelt.

Es gibt daher drei mögliche Wege zur fachlich versierten Unterstützung: Zuerst die Suche nach erfahrenen Fachärztinnen, -ärzten, Psychologinnen oder Psychotherapeuten, die sich bereits mit Transidentität auskennen. In den Hilfsnetzwerken wird man fündig. Eine Nachfrage bei der eigenen Krankenkasse um Auskunft könnte auch hilfreich sein. Die ersten Ansprechpartner wissen da höchstwahrscheinlich nicht weiter. Hilfreich ist dann meist die Frage, wer denn dann Auskunft geben könnte. Das Problem an den wenigen wirklich guten Fachleuten ist, dass die Wartezeiten immens lang sein können. Und manche Region ist völlig abgehängt. Wir sind bei Staulagen schon 7 Stunden für eine Psychotherapiesitzung unterwegs gewesen.

Ein zweiter Weg ist das Begleiten der im Bereich der Transidentität noch unerfahrenen, aber willigen Fachleute durch erfahrene Mentorinnen und Mentoren. Manche wissen von sich aus, wo sie sich den Rat herholen können, andere brauchen dabei Unterstützung. Die Bundesvereinigung Trans*, die dgti oder das Trans-Kinder-Netz e.V. haben schon solche Kontakte vermittelt.

Der dritte Weg ist unkonventionell, riskant, hat aber auch schon funktioniert: Die Betroffenen oder Angehörigen sind oft selbst gut eingelesen und bringen die Fachliteratur und medizinischen Richtlinien mit in die Sprechstunde. Sie stoßen damit allerdings nicht immer auf Begeisterung und Dankbarkeit.

Es waren übrigens nicht die Fachmenschen, die Jakob unterstützt haben, wieder mit dem Schwimmen (im Binder und Schwimmshirt) anzufangen. Beim ersten Mal überredete ihn ein etwas älterer Kumpel nachts bei Neumond und völliger Dunkelheit. Bei Tageslicht nahmen ihn gleichaltrige Trans*Jungen in ihre Mitte.

Wie Körper und Geschlechtsidentität zusammenkommen

Nicht alle transidenten Menschen leiden so schwer unter dem Auseinanderfallen von Körper und Geschlechtsidentität wie unser Kind. Manche haben sich mit ihrem gefühlt falschen Körper mehr oder weniger arrangieren können. Manche führen ein Doppelleben in ihren unterschiedlichen Sozialräumen. Die meisten aber leiden am Auseinanderfallen von Körper und Geschlechtsidentität so existentiell, dass ein Leben unter neuem Namen und in neuer sozialer Rolle im gefühlten Geschlecht nicht ausreicht, um sich dem eigenen, sich immer weiter wegentwickelnden Körper anzunähern.

Fachlich „versierte" therapeutische Versuche, die Geschlechtsidentität eines Menschen zu ändern, sind nicht nur allesamt gescheitert, sondern haben auch den betroffenen Menschen nachhaltig geschadet. Die Geschlechtsidentität lässt sich – anders als der Körper – nicht ändern.

Aber viele Betroffene berichten von einer Linderung ihres Leidens am eigenen Körper mit Beginn des hormonellen Gegensteuerns durch die Endokrinologin (Hormonärztin) oder den Endokrinologen. Transfrauen wächst durch medizinische Hormone die weibliche Brust und sie behalten ihre höhere Stimmlage, wenn sie diese vor dem Stimmbruch bekommen. Transmänner verlieren ihre Regelblutungen, bekommen mehr Körperbehaarung und manchmal weniger oben am Kopf. Ihr Muskelaufbau wird angeregt, ihre Gesichts- und Köperzüge werden markanter. Haben sie eine biologisch weibliche Brust, wächst diese nicht mehr weiter und sie kann ihnen nach der Pubertät wegoperiert werden. Auch sind bei transidenten Volljährigen die Umformung des Penis in eine Vagina oder der nachträgliche Aufbau eines Penis aus eigenem Körpergewebe möglich. Bei Gesprächen mit transidenten Menschen wäre es aber sehr freundlich, ihren Intimbereich als solchen zu respektieren.

Nach außen sichtbare Angleichungen des Körpers schmälern den schmerzlich empfundenen Widerspruch zwischen der eigenen Körperwahrnehmung und der Geschlechtsidentität. Im besten Fall heben sie diese auf. Und doch bleibt vielen die Auseinandersetzung mit dem eigenen transidenten Körper als herausfordernder, längerer Prozess. Mit der Annäherung des eigenen Körpers an die eigene Geschlechtsidentität eröffnet sich jedoch die Möglichkeit, sich den anderen Herausforderungen und Geschenken des Lebens wieder mit der angemessenen inneren Freude zuzuwenden, wo sie vorher abhandengekommen war.

Wir empfinden die Hürden zur Körperangleichung (und sei es nur durch Hormone) als sehr hoch. Dazu kamen bei uns die 8 Monate Wartezeit bis zum Termin bei einem Kinder- und Jugendpsychiater, der sich mit Transidentität auskennt. Der intensiven Diagnose folgten dann die Untersuchungen beim Endokrinologen und, von unserem Endokrinologen eingefordert, auch bei der Gynäkologin. Manchmal will die Krankenkasse mitreden. Dazu kommen vor der ersten Hormongabe ärztlich eingeforderte Mindestzeiten in der sozialen Rolle des erwünschten Geschlechts, also das vollständige Outing in allen Bezügen. Das tut sich kein Mensch freiwillig an. Und doch wurden wir mehrfach mit der Hoffnung Außenstehender konfrontiert, diese Gender-Phase werde bei unserem Kinde wieder vorrübergehen. Als wir daraufhin auf die Fachärztinnen und deren Anamnese und Diagnosen verwiesen, wurden wir gewarnt, wir dürften keinen erfahrenen Fachärzten trauen, sie würden nur sehen, was sie wollten. Wir vertrauen ihnen dennoch.

Keinem Kind oder Jugendlichen wird Transidentität aus ideologischen Gründen nahegelegt. Auch das wurde uns vorgeworfen oder in Unkenntnis Jakobs

Ärzten. Alle Ärztinnen, Psychiater und Psychotherapeutinnen, die wir kennenglernt haben, untersuchen und behandeln mit größtmöglicher Sorgfalt, Vorsicht, Bedachtsamkeit, Transparenz und fachlicher Kompetenz. Wer nicht kompetent war, verwies auf Spezialistinnen. So viel Absicherung durch Zweit-, Dritt-, Viert-, Fünft-, Sechst-, Siebt- und Mehr-Expertise als bei transidenten Kindern und Jugendlichen gibt es wahrscheinlich nirgendwo sonst in der Medizin.

Später folgen bei Transjungen, die die Hormonblocker vor Anbruch der Pubertät verpasst haben, die Wartezeiten oder das Genehmigungsverfahren bei der Krankenkasse, bis die Entfernung und Anpassung der Brust genehmigt wird. Dazu fallen weitere psychotherapeutische und psychiatrische Gutachten an. Uns aber begegnet von außen der Vorwurf, wir Eltern würden unser Kind nicht davor schützen, sich durch die Angleichung seines Körpers an seine Identität selbst zu schaden. Wir würden leichtfertig irreversible Veränderungen des Körpers und der Möglichkeit, Kinder zu bekommen, hinnehmen. Wir allerdings wollen unser Kind vor dem inneren und äußeren Zerbruch schützen und ihm ein würdiges und gutes Leben in seinem empfundenen Geschlecht ermöglichen. Ihm das nicht zu ermöglichen, würde unserem Kind nachhaltig schaden und ihm sein Leben gefährden, weil Körper und Identität auseinanderfallen.

Hormonblocker schenken Zeit. Hormone werden helfen, dass die eigene Identität und die körperliche Entwicklung unseres Kindes wieder zusammenkommen. Wir schützen unser Kind und unterstützen es auf seinem Weg. Viele transidente Jugendliche ohne solche Unterstützung auf ihrem Weg versuchen sich umzubringen. Wir wollen unser Kind nicht verlieren. Vorwürfen von außen versuchen wir geduldig mit Erklären und erneutem Erklären zu begegnen. Doch das ist für uns nicht immer einfach, wenn uns unser Gegenüber nicht als Eltern und Christen ernstnimmt, die das Richtige zu tun versuchen.

Transidentität und Namensgebung

Spannend finde ich, dass die ersten Christinnen und Christen bei der Taufe ihre Sklavennamen ablegten und neue von Gott befreite Namen zugesprochen bekamen. Das war zwar keine Frage des Geschlechts, aber ihrer Identität. Zur Annahme des neuen sozialen Geschlechts gehört deshalb auch bei Transidenten ein neuer Vorname, es sei denn, der Geburtsvorname ist nicht eindeutig einem Geschlecht zuzuordnen wie bei Alex, Kim oder Leo zum Beispiel.

Anders als bei der Geburt unseres Kindes staunten wir nicht schlecht, dass wir als Eltern keine Chance hatten, bei der Auswahl des neuen Namens unseres Kindes mitzureden. Zum einen war der längst schon gesetzt, zum anderen hatten wir unsere Kompetenz in Namensfragen eingebüßt, weil wir uns bei der ersten Namensgebung getäuscht hatten. Die allermeisten Trans*Kinder haben sich ihren Namen selbst ausgesucht und ihre Eltern vor vollendete Tatsachen gestellt. Selbst Trans*Kleinkinder haben meistens schon eine klare Vorstellung davon, wie sie heißen, bevor ihre Eltern noch mitreden können. Der eigene Vorname ist eben eng mit der eigenen Identität verflochten.

Hinter dem neuen Vornamen steht der Wunsch, der eigenen Identität einen Namen zu geben, der nicht mehr von ihr abweicht und nicht mehr an das Leben im falschen Geschlecht erinnert. Wir haben uns gefreut, dass wir im neuen Vornamen unseres Kindes, Jakob, drei Buchstaben fanden, die in derselben Reihenfolge auch schon im alten Namen standen. Denn wir lieben ja kontinuierlich dasselbe Kind. Uns tut das gut. Von außen betrachtet ist das aber Erbsenleserei, die sich beim Hören des neuen Vornamens auch nicht nachvollziehen lässt.

Für viele transidente Menschen löst das Hören des Geburtsnamens schmerzhafte Gefühle aus, da sie bewusst und unterbewusst damit das Gefühl der Zerrissenheit zwischen ihrer Geschlechtsidentität und dem sozialen Geschlecht in der Rolle des fälschlich zugewiesenen Geburtsgeschlechts verbinden. Dieses hoch belastende Gefühl begleitete sie frühkindlich, später als Kind, sehr extrem dann in der Pubertät. Menschen in unserem Umfeld, die sich weigern, unser Kind mit seinem neuen Namen anzusprechen, ahnen kaum, welch schwere Verletzungen sie unserem Kind damit zufügen. Uns schmerzt es inzwischen auch.

Wird der alte Name vorsätzlich weiterbenutzt, bleibt uns Eltern keine andere Wahl, als unser Kind von ihnen fernzuhalten, bis das Verständnis im Umfeld gewachsen ist. Dabei erleben jedoch diese Menschen unser Kind nicht mehr in seinem für sie fremden Geschlecht und tun sich umso schwerer, es so anzunehmen, wie es ist und lebt. Das ist auch für uns Eltern ein kaum auszuhaltendes Spannungsfeld. Aber wir sind neben unserem Kind häufig die einzigen, die in der Lage sind, geduldig, liebevoll, er- und aufklärend Einfluss darauf zu nehmen.

Kontaktabbrüche sind für viele transidente Menschen und ihre engsten Unterstützer traurige Realität. Manchmal sind sie hilfreich, um die Emotionen herauszunehmen, Zeit zu gewinnen, der Trauer einen Raum zu geben und die transidente Person zu schützen. Wenn es gut geht, sind diese nur vorläufig, bis das Verständnis auf der anderen Seite gewachsen ist.

Erzählungen über neue Vornamen gibt es auch in der Bibel. Sie zeigen die neue Identität und Wertschätzung an, die ihre Trägerinnen und Träger vor Gott haben: Der Fischer Simon wird zum Menschenfischer Petrus. Der Christenverfolger Saulus wird zum Christuszeugen Paulus. Sarai und Abram werden als Verheißungsträgerin und -träger zu Sara und Abraham und Jakob zum Gottesstreiter und Segensträger Israel.

Für uns Eltern war es dennoch ein schwerer Schritt, den alten Vornamen loszulassen und unser Kind mit seinem neuen Vornamen zu nennen. Zum einen machte uns die Macht der Gewohnheit zu schaffen, zum anderen unsere Liebe zu unserem Kind, als es noch anders hieß, die wir ja innerlich nicht abgelegt hatten. Am vertracktesten war allerdings der ständige Namenswechsel während der Outing-Phase, als wir innerfamiliär ausschließlich den neuen Namen benutzten, während wir in anderen Bezügen noch über unser Kind mit altem Namen redeten. Aber wir waren ganz gut, wenngleich wir uns mit den Pronomen manchmal noch schwertaten (er oder ihn statt sie). Ein bedeutsamer Schritt nach vorne war für uns Eltern, die Transidentität auch für die vorangegangenen Jahre anzuerkennen. Heute können wir sogar von der Geburt unseres *Sohnes reden, was sich für uns anfangs sehr schräg angefühlt hat. Aber so entspricht es der Wahrnehmung unseres Kindes und es fühlt sich dadurch auch von uns in seiner Identität ernst genommen. Es hat sie ja nicht gewechselt, sondern nur seine eigentliche gefunden und aus der Verborgenheit gehoben.

Transidente Kinder, Jugendliche und Erwachsene verzeihen in der Übergangsphase versehentliche Namen- und Pronomen-Fehler gerne, wenn sie dennoch die grundsätzliche Annahme in der neuen Identität erspüren. Meine Nichte half meiner Mutter beim Einüben des neuen Namens, damit ihr als Oma kein Fehler unterläuft. Das war ihr sehr wichtig. Wer dagegen die Identität unseres Kindes ablehnt und deshalb bewusst am alten Namen festhält, wird beide verlieren, den Menschen unter seinem Geburtsnamen wie den, der seine eigentliche Identität und den dazugehörigen Namen gefunden hat.

Hilfreich war für uns und unser Kind der Ergänzungsausweis mit dem neuen Vornamen, der von der dgti ausgestellt und fast überall auch amtlich anerkannt wird. Wir haben ihn in den ersten Monaten zwar nie gebraucht, aber in der Hinterhand gehalten. Die Schule wusste darum, wir mussten ihn aber vorerst nicht vorlegen. Bei der ersten Flugreise ins Ausland hätte er dem Grenzpersonal helfen können, die Unterschiede zwischen dem Bild auf dem Personalausweis und der abweichenden Realität zu erklären. Wir kamen aber auch so über die innereuropäische Grenze. Ob wir mit neuem Aussehen und neuem Namen, aber altem Personalausweis mit dem Ergänzungsausweis über jede Grenzkontrolle gekommen wären, ist eine heikle Geschichte, die zuvor mit der Fluggesellschaft und den zuständigen Behörden abgeklärt werden sollte.

Schulen haben einen großen Spielraum, den Vornamen auf der Klassenliste und im Zeugnis zu ändern, ehe sie das Amtsgericht dazu verpflichtet. Auch die Kirchen können ihren Namens- und Personenstandsdaten jederzeit einen gebräuchlichen Vornamen hinzufügen, der in allen kirchlichen Tauf-, Konfirmations-, Patenschafts- und Trauurkunden erscheint. In keiner dieser Urkunden wird das Geschlecht festgehalten. Diese auf Wunsch nachträglich auf den neuen Namen ausstellen zu lassen ist möglich und wäre auf Nachfrage hin eine menschenfreundliche Geste der Pfarr- und Kirchenregisterämter. In den Kirchenbüchern wird der neue Name und Personenstand (Geschlecht) nach der amtsgerichtlichen Festlegung hinzugefügt. In den alten handschriftlichen Kirchenbüchern darf der alte Name nach den derzeitigen Kirchenregistergesetzen bislang nicht getilgt, gestrichen oder ausradiert werden, sondern der neue wird als Bemerkung hinzugefügt. Hier könnten die Kirchenleitungen noch an sich arbeiten, ebenso bei der Ausstellung einer Vocatio für den Religionsunterricht unter neuem Namen, ehe er vor dem Amtsgericht verpflichtend geändert wird. Die Sturheit mancher Kirchenbehörde bezüglich des neuen Vornamens raubt beliebten und – von keiner Seite bezweifelt – hoch qualifizierten transidenten Religionslehrer*innen nur aufgrund ihres Namenswechsels den Zugang zum Unterrichtsfach Religion.

Transidentität und Taufe

Wer noch nicht getauft ist, aber am Ende seiner Transition steht, für *die oder *den ist die Taufe ein wunderbarer Anlass, auch *ihre oder *seine Transition zu feiern. Denn bei der Taufe kann die Zusage Gottes, „Du bist mein geliebtes Kind!“, verbunden mit der Abkehr vom falschen Geschlecht, gefeiert werden. Doch diese biographischen Zeitpunkte zusammenlegen zu können, ist ein ausgesprochen seltener, aber auch schon eingetretener Glücksfall.

Als wir von der „neuen“ Geschlechtsidentität unseres *Sohnes erzählten und von seinem neuen Namen, überraschte uns die Frage, ob er denn nun nicht nochmals auf seinen neuen Namen getauft werden müsse. Auch erwachsene transidente Christinnen und Christen begegneten uns mit einer Unsicherheit, ob ihre Taufe nun noch gültig sei. Schließlich trügen sie nun einen anderen Namen.

Ich selbst kann die Frage nachvollziehen, denn ich habe mit der Heirat meiner Frau auch einen neuen Nachnamen angenommen. Doch an der Gültigkeit meiner Taufe änderte das ja nichts. Bei unserer Taufe wurden oder werden wir nicht auf unseren eigenen Namen getauft, sondern auf den Namen Gottes des Vaters, des Sohnes und des Heiligen Geistes.

Die bedingungslose Zusage seiner Liebe macht sich an keiner menschlichen Voraussetzung fest, auch nicht am Vornamen. Wir beten als Kirchengemeinde, Paten und Eltern darum, dass dieser göttliche Liebesimpuls bei der Taufe im Leben des Täuflings nicht folgenlos bleibt, sondern in ihm Glauben weckt und erhält. Das ist neben der Liebe und Hoffnung das wichtigste Taufgeschenk Gottes.

Bei einer Tauferinnerungsfeier anlässlich einer Transition kann dann der neue Vorname auf einer erneuerten Taufurkunde überreicht werden, dazu passend eine – was den Namen betrifft – erneuerte Taufkerze. Das würde den Bezug zur gültigen Taufe bestärken.

Kirchengemeinden dürfen den neuen Vornamen als „gebräuchlichen" Vornamen sofort zusätzlich in ihre Datenbanken einpflegen und benutzen, ehe sie die Personenstandsänderung auf dem Standesamt dazu verpflichten wird. Im Patenschein und in den kirchlichen Urkunden wird das Geschlecht sowieso nicht aufgeführt.

Ändert Transidentität alles?

Bis heute werden Christinnen und Christen aus Teilen der Kirche und ihren christlichen Gemeinschaften hinausgedrängt, weil sie anders empfinden, weil ihre Identität vom bei der Geburt zugewiesenen Geschlecht abweicht oder nicht eindeutig zuzuordnen ist. Sie fühlen sich dabei schuldlos schuldig, weil sie außerhalb einer Sexualmoral stehen, die zum Bekenntnisgrund überhöht worden ist. Und manchmal werden oder wurden sie direkt auf ihr angeblich sündiges Leben angesprochen, ausgestoßen oder von denen isoliert, die sich verständnislos oder gar angewidert von ihnen abwandten. Viele transidente Christ*innen haben dabei Verletzungen erlitten und sich zum eigenen Schutz von ihrem Glauben abgewandt, der selbstverständlich zu ihnen gehört hatte. Nun aber wird er in ihrem Erleben von einer Minderheiten verachtenden Gruppe innerhalb der Kirche mit klar definierten Sexualmoralvorstellungen vereinnahmt, in denen Anderssein oder Transidentität keinen Platz haben. Wie sollen Transidentität und christlicher Glaube da überhaupt noch zusammengehen?

Meine Frau und ich sind Christen, wir lieben unsere Bibel, unseren Schöpfer und Herrn Jesus Christus, lassen uns vom Heiligen Geist inspirieren. Bei allen

Unzulänglichkeiten (die wir auch haben) lieben wir unsere Kirche, für deren Wesenskern, das Evangelium, wir liebend gerne arbeiten. Wir haben als Eltern für unser Kind, das uns immer fremder geworden war, lange und innig gebetet. Schließlich war seine Transidentität selbst die uns alles klärende Gebetserhörung. In vielen Gesprächen mit Christinnen und Christen unterschiedlicher Konfessionen haben wir Verständnis für unsere persönliche Situation und für die Transidentität unseres Kindes erfahren. Mit so viel wertschätzender Resonanz hatten wir nicht gerechnet. In einigen Gesprächen begegnete uns Besorgnis um das Wohl unseres Kindes und um seine Optionen für eigene Kinder und eine glückliche Partnerschaft. Für einen Dreizehnjährigen ist das nicht unbedingt das naheliegende Thema, aber als Eltern haben wir Verständnis dafür. Denn Sorgen machen wir uns ja auch. Doch uns begegneten auch ängstliche Voten, hinter denen die Frage stand, ob die Annahme und Akzeptanz von transidenten Menschen nicht eine Abkehr von den christlichen Werten bedeute? Würde eine solche Offenheit nicht die Kirche und ihre moralischen Grundpfeiler ins Wanken bringen?

Während das Entdecken und Stehen zur eigenen Transidentität vieles ändert und oftmals den Verlust der eigenen Glaubensheimat nach sich zieht, fühlt sich eine Gruppe, zu deren Kernanliegen eine feste Vorstellung einer christlichen Sexualmoral gehört, in ihrem eigenen Glauben bedroht. Christinnen und Christen, die anders sind und leben als sie, rütteln an den moralischen Pfeilern derer, die ihren Glauben darauf gegründet haben. Deshalb wird oft eine als anders empfundene Minderheit aus der Kirche herausgedrängt. Manchmal wird auch die Drohkulisse „sie oder wir" aufgebaut, was traurig ist, weil sich die „moralischen" Christen meistens sehr in ihrer Gemeinde engagieren und ihr Auszug in Gemeindeneugründungen und Freikirchen einen großen Verlust bedeutet. Darum stellt sich mir die Frage, was eigentlich christliche Werte sind. Und kann man daran festhalten, ohne transidente Christ*innen abzulehnen? Und kann man transident sein und dennoch an christlichen Werten festhalten? Das höchste Gebot ist in den Augen von Jesus Christus die Nächstenliebe neben der Gottesliebe und Selbstannahme. Die Nächstenliebe allein sollte genügen, Trans*Menschen vorbehaltlos anzunehmen und zu unterstützen.

Trans* und christliche Werte

Christliche Werte machen sich zu allererst am Leben von Jesus Christus fest, wie es in den Evangelien geschildert wird. Er nahm Menschen vorbehaltlos wahr und schenkte ihnen seine und damit Gottes voraussetzungslose und bedingungslose Liebe. Er überwand dabei ethnische, kulturelle, religiöse, Gender- und Landes-Grenzen. Er begegnete Frauen wie Männern gleichberechtigt und etliche Frauen folgten ihm nach wie Männer ihrem Rabbi. Das war zu seiner Zeit einmalig. Jesus setzte sogar Frauen als die ersten Evangeliumsverkündigerinnen seiner Auferstehung ein. Jesus bezog Stellung für den Schutz von Kindern, für die Familie und für die Ehe zwischen Frauen und Männern. Gleichzeitig warb er für die Akzeptanz von Menschen mit einem für ihre Zeit außergewöhnlichen Geschlecht (siehe „Jesus liebt Trans*“). Transgender-Frauen, -Männer und -Kinder schließt das mit ein. Sprechen wir von christlichen Werten auf der Grundlage der Evangelien, schließt das die Annahme der Gendervielfalt mit ein.

Jesus lebte auch vor, wie mit den Geboten des Ersten Testaments umzugehen ist. Viele davon sind zeitgeschichtlich zu verstehen oder haben eher hygienische Gründe. Jesus sieht die Reinheitsgebote deshalb nicht als striktes Gesetz, drückt ein Auge zu, wenn seine Jünger sich nicht die Hände vor dem Essen gewaschen haben. Er fragt stets danach, was hinter einem Gebot steht. Die Sabbatgesetze seien für den Menschen gemacht, nicht um ihn zu drangsalieren. Wenn es einem Menschen nicht gut gehe, habe tätige Liebe an ihm Vorrang vor dem Arbeitsverbot. Und dennoch hebt Jesus die Gebote nicht auf, ohne ihren Platz mit Liebe und Leben zu füllen, etwa mit seinem selbstverständlichen Gang in die Synagoge am Sabbat, um sich unter die Liebe Gottes zu stellen, oder um sie dort selbst vorzuleben. Wenn Jesus ein Gebot als liebloses Verbot vorgehalten wird, wehrt er sich dagegen. Wenn nicht die Liebe zu Gott, zur Schöpfung oder zum Menschen im Tun des Gesetzes sichtbar wird, hat es für Jesus keine Geltung. Das gilt bei ihm auch für die Reinheitsgebote, unter die die meisten Sexualität betreffenden Vorschriften des Ersten Testamentes fallen.

„Zur Freiheit hat uns Christus befreit!“ (Galater 5,1)
Wir Christen haben diesen von der Liebe geprägten, freien Umgang von Jesus mit den Geboten übernommen, auch bezüglich der Frage nach dem Cross-Dressing (5. Mose 22,5). In Mode und Kleiderfragen trugen christliche und pietätvolle Frauen und Männer der vergangenen Jahrhunderte mal Röcke, mal Hosen, mal langes Haar, mal kurzes

Haar. Die kulturellen Vorstellungen von männlich und weiblich ändern sich andauernd. Und wenn ein Transmädchen Mädchenkleidung trägt, fällt sie ohnehin nicht unter das biblische Verbot, da sie ja ein Mädchen ist. Außerdem ist das Prinzip der Liebe aus solch einem Verbot nicht abzulesen. Kaum ein christliches Ehepaar schläft während der Menstruation der Frau in getrennten Betten oder verzichtet auf Zärtlichkeiten, obwohl dies nach dem Mosegesetz gar nicht geht. Das ist die liebevolle, christliche Freiheit im Umgang mit den Reinheits-, Heiligkeits- und Schutzvorschriften des Ersten Testaments.

Jesus hat nicht zu allen ethischen Fragestellungen Stellung bezogen, und nach seinem irdischen Auftreten taten sich neue auf. Die neutestamentlichen Schriften nach den Evangelien (auch wenn manche schon vor ihnen geschrieben sein mögen) nehmen deshalb Bezug auf seine grundlegenden Werte und erheben anhand seiner beispielhaften Lehren die Freiheit und Liebe zum Prinzip christusgemäßen Handelns: die Freiheit, alles zu tun und zu lassen, wenn damit die Liebe gegenüber Gott, den Menschen und der ganzen Schöpfung größer gemacht wird. Als Leit-Gebote nannte Jesus die Liebe zu Gott, zu den Menschen und die liebevolle Selbstannahme. Alle weiteren, auch die 10 Gebote, sind nur insofern christliche Merksätze, wenn das ihnen zugrundeliegende Prinzip der Liebe durch deren Anwendung auch sichtbar wird.

Wenn die herausragende „Schöpfungsordnung“ des Zusammenlebens ausschließlich geburtsgeschlechtlicher Frauen und Männer zur christlichen Sexualmoral erhoben werden sollte, steht darüber immer noch die Frage, ob dies im Einzelfall auch der Jesus-Liebe entspricht, die in der christlichen Ethik über allen Geboten steht. Aber selbst, wenn wir in dieser Frage von Christus absähen, dann müssten wir bei Adam und Eva, dem biblischen Urehepaar, dennoch genauer hinschauen: Dem zum Ebenbild Gottes geschaffenen Ur-Adam musste Eva erst entnommen werden, um zu seinem männlichen Geschlecht zu finden. Also durchlief er ebenso wie Eva erst eine Transformation, bis sie beide den Menschen unterschiedlicher Geschlechter entsprachen, die für Sexualmoral in der Kirche beispielgebend wurden. Mit ihrer Transformation durch den Schöpfer erlebten sie einen Prozess, den Transidente auf dem Weg zu ihrem Identitätsgeschlecht Eva und Adam gut nachempfinden können.

Die Wertschätzung von Transidentität gehört somit zu jeder christlichen Ethik. Die Angst einiger Christinnen und Christen vor ethischer Beliebigkeit, wenn sie transidente Menschen und Christ*innen liebevoll annehmen, ist völlig unbegründet. Trans* ändert nichts an den christlichen Werten von Liebe, Treue und Vergebungsbereitschaft.

Eine Sexualmoral hingegen, die sich lieblos von Menschen ihrer Genderidentität wegen abgrenzt, kann nicht christlich genannt werden. Das ändert nicht alles, aber gibt transidenten Menschen und Menschen anderer Gender im Sinne von Jesus ihren Platz und ihre Heimat in der Kirche (zurück). Sie hat im lieblosen Umgang mit Menschen besonderer Gender und sexueller Orientierung Schuld auf sich geladen und sollte sich dazu bekennen. Wertvoll werden solche Bekenntnisse, wenn sie im engen Dialog mit den Betroffenen erarbeitet werden, da nur er Versöhnung und Heilungsarbeit ermöglicht. Vorbildlich sind die Evangelische Kirche Berlin-Brandenburg-schlesische Oberlausitz (EKBO) am 23. Juli 2021 und in Hessen und Nassau (EKHN) am 28. April 2023 vorausgegangen.

Transidentität und Partnerschaft

Die größten Sorgen Außenstehender bezüglich unseres dreizehnjährigen *Sohnes kreisten darum, wie schwer er es in einer Partnerschaft haben werde. Manche Schwierigkeiten hat er wirklich, solange sein Körper nach außen hin sichtbare Merkmale seines bei der Geburt zugewiesenen Geschlechts trägt. Sie hemmen ihn im Alltag am meisten, sind aber Gott sei Dank heute nicht mehr unveränderlich. Die Verzweiflung Außenstehender dreht sich hingegen mehr um seine sexuelle Orientierung (Welche hat er denn jetzt, die von seinen Geschlechtsorganen vorgegebene oder seine identitätsgeprägte?) und um die Möglichkeit, Kinder zu bekommen.

Unser Kind gibt sich nicht blind in ein Abenteuer, von dessen Ausgang es völlig überrascht werden wird, sondern nimmt bewusst einen schwierigen Weg auf sich, der unseren *Sohn aus seinem großen Leiden herausführen wird. Der Leidensdruck an seinem Körper ist immens. Die Aussicht, ihm mit medizinischer Unterstützung schrittweise entkommen zu können und dabei mit seiner empfundenen Geschlechtsidentität wieder eins zu werden, überwiegt alle seine Sorgen um Zeugung und Empfängnis.

Gleichwohl schließen sich Transidentität und Partnerschaft keineswegs aus. Sie stehen gegebenenfalls unter einem anderen Vorzeichen. Ein Trans*Mann ist ein Mann, eine Trans*Frau ist eine Frau. Die Angleichung der Brustdrüsen und Geschlechtsorgane an das empfundene Geschlecht ist eine nach der Pubertät mögliche, aber keine notwendige und meist auch keine hinreichende Option. Doch sie legen die Möglichkeiten für eine Partnerschaft auch nicht fest.

Es gibt Paare mit einer Trans*Frau oder einem Trans*Mann. Es gibt beiderseits transidente Partnerschaften. Es gibt nach dem Geburtsgeschlecht heterosexuelle Paare mit Kindern, obwohl einer der Partner*innen transident ist, sei es empfindend oder gar rechtlich und körperlich vollständig transformiert. Manche scheinbar heterosexuellen Paare zerbrechen an dem späten Outing eines transidenten Partners, manche bleiben dennoch zusammen, weil sie sich Treue versprochen und gemeinsam Segen empfangen haben.

Es gibt wie bei heterosexuellen Beziehungen Paare mit transidenter Beteiligung mit eigenen und mit angenommenen Kindern. Transidente Eltern, die wir kennengelernt haben, waren sehr reflektiert und besorgt, wer ihre Kinder mit der eventuell in der

Kernfamilie ausgefallenen Geschlechterrolle prägen könne. Und sie haben gute Lösungen gefunden.

Die Sorgen um erfüllte und gelingende Partnerschaft und Familie unseres Kindes kreisen wohl eher nicht immer um die Transidentität allein oder liegen in der begrenzten Vorstellungskraft heteronormativ denkender Menschen begründet. Wir Eltern machen uns ja auch Sorgen um die Zukunft unserer Kinder. Das verstehen wir. Erst als wir transidenten Erwachsenen mit Familien begegnet waren, die erfüllt Partnerschaft und Familie leben, verloren unsere Sorgen ihre Kraft. Doch versteckt sich hinter den uns vorgetragenen Sorgen anderer nicht auch deren Angst um eine (eventuell versteckte) Homosexualität unseres Kindes?

Transidentität und Homosexualität

Transidente Menschen leben in einem Spannungsfeld zwischen ihrem zugewiesenen Geburtsgeschlecht, ihrer empfundenen Geschlechtsidentität und ihrem sozialen Geschlecht. Eine Ehepartnerin beispielsweise, die ihre Transidentität öffentlich lang verborgen hielt, vielleicht sogar mit ihrem Ehepartner Kinder bekam, später aber nicht mehr die Kraft hatte, gegen ihre Identität zu leben und in allen Bezügen Trans*Mann wird, *dessen Ehemann *ihm aber in dieser herausfordernden Situation treu bleibt, rutscht in eine homosexuelle Beziehung, ohne je *seinen ursprünglich gegengeschlechtlichen Partner zu verlassen. Beziehungen mit transidenter Beteiligung nach Geschlecht zu definieren, ist manchmal eine komplexe Angelegenheit. Diesen Paaren respekt- und liebevoll zu begegnen, wäre für Christinnen und Christen angebrachter, als sie mit Gutachteraugen und entsprechenden Worten oder Handlungen innerlich oder äußerlich maßzuregeln oder zu bedrängen, ihre nun auf einmal homosexuelle Ehe zu beenden. Sie auf ihrem schweren Weg zu unterstützen, wäre der christusgemäße Weg.

Der gegenüber homosexuellen Christen von manchen Christen eingeforderte Weg der enthaltsamen Ehelosigkeit, von der Jesus in Matthäus 19,12 spricht (neben der Annahme von ungewöhnlichen Geschlechtsidentitäten von Geburt an oder von ungewöhnlicher sexueller Orientierung nach traumatischer, sexueller Gewalt), ist eine Frage der persönlichen Berufung und freien Entscheidung und nichts, was Jesus einfordert. Ich habe persönlich großen Respekt vor Menschen, die sich auf Zeit und aus freien Stücken auf diesen Weg begeben, der aber kein bindender Maßstab für andere sein will und kann.

Brennpunkt der innerkirchlichen Auseinandersetzung mit der Homosexualität ist jedoch die Frage nach der kirchlichen Trauung. Hinderlich war dabei, dass in der Debatte nur selten theologisch reflektiert wurde, was eine kirchliche Trauung ist: der Dank dafür, dass zwei Menschen einander vertrauen und füreinander einstehen wollen, der Zuspruch von Gottes Segen für dieses Paar und darüber hinausfließend für seine Familie und sein Umfeld, schließlich die Fürbitte, dass Gottes Liebe, Treue und Vergebungsbereitschaft das gemeinsame Leben des Paares präge.

Adam und Eva waren nicht standesamtlich verheiratet und hatten zuerst einen aufregenden Transformationsprozess auf dem Weg zu ihrer Geschlechtsidentität hinter sich gebracht. Dennoch werden sie zum heteronormativen Brautpaar hochstilisiert, das sie so nie waren. Gott schuf Lebewesen männlich und weiblich. Sofern sich diese dabei fortpflanzten, begriff die Bibel dies als eine besondere Form von Segen. Eine kirchliche Trauung auf diesen Fruchtbarkeitssegen zu reduzieren, würde nicht nur die meisten Brautpaare zutiefst verwirren oder peinlich berühren. Eine gelingende Partnerschaft steht im Mittelpunkt kirchlicher Trauungen, wozu sie sich Inspiration von Gottes Liebe, Treue und Vergebungsbereitschaft für ihre Beziehung, optional auch für ihre Familie erhoffen. Wenn die Traupredigt jedoch nur um die künftigen Kinder kreiste, wäre etwas schiefgelaufen.

Fast alle Kasualien (das sind öffentliche Gottesdienste um einen, zwei oder eine besondere Gruppe von Menschen) begreifen sich als Segensbitte und Segenszuspruch für die neue Lebensphase: die Kindertaufe für das Kind und die Eltern, die Firmung, Konfirmation oder Segensfeier für den mündig werdenden Jugendlichen, die Trauung für das gemeinsame Leben, die Erwachsenentaufe für den gelebten Glauben, die Trauerfeier oder kirchliche Bestattung für die Trauernden und die Verstorbene oder den Verstorbenen. Homosexuellen Paaren keine Segensfeier zu ihrem verantwortungsvollen, treuen und gemeinsamen Leben anzubieten, wäre eine Weigerung, sie mit den christlichen Werten der Liebe, Treue und Vergebungsbereitschaft in ihrer Ehe zu begleiten.

Wenn eine Kirche oder christliche Gemeinschaft den Trausegen auf den Fruchtbarkeitssegen beschränken will, was für kinderlose Paare seelsorgerlich sehr engggeführt wäre, wäre es aus Liebe dennoch geboten, nicht heteronormative Paare und Familien in einer Segensfeier anlässlich der bürgerlichen Eheschließung zur Liebe, Treue und Vergebungsbereitschaft einzuladen, und wenn schon nicht einen Fruchtbarkeitssegen, dann doch einen fürbittenden Segen für ihre gemeinsame Ehe und optional Familie anzubieten. Es gibt kein Lebewesen, das der Schöpfer nicht zur Gemeinschaft geschaffen hat. Und alles, was lebt, ist bereits Ausdruck seines Segens.

Die vermeintliche Kritik an Homosexualität in der biblischen Tradition bezieht sich bei näherer Betrachtung nicht auf verantwortlich gelebte Partnerschaften. In Römer 1 verurteilt Paulus die in römischen Tempeln verbreitete, auch gleichgeschlechtliche Prostitution, für deren Opfer, meist Kinder und Frauen, er sich vehement einsetzt. Dabei bezieht er sich auf 3. Mose 18, in welchem solch menschenverachtende Praktiken bereits in Götzentempeln

Kanaans und Ägyptens üblich waren. Auch im Levitikus-Buch wurden sie als solche abgelehnt. Das gleiche gilt bei Paulus für gleichgeschlechtliche „Liebesdienste“ von Sklavinnen und Sklaven, die zur Zeitenwende Gang und Gebe und für die Entrechteten oft auch verpflichtend waren. In Christus kann und darf es keine Sexsklaverei mehr geben. Freiheit und von Herzen kommende Liebe zu Gott, zu den Menschen und zur Schöpfung sind die Jesus-Prinzipien, die das Neue Testament für ein gutes Zusammenleben herausarbeitet.

In diesem Sinne wendet sich auch die Evangelische Reformation gegen das zölibatäre, „freie und lose Bubenleben“ der Priester, Mönche und in Entsprechung dazu auch der Nonnen, die ihre Sexualität außerhalb der gottgegebenen Ehe ausleben. Sie entsprechen so nicht der Liebe, die sich und das jeweilige Gegenüber wertschätzt und würdevoll achtet.

Der biblisch-reformatorische Begriff der „Unzucht“ umschreibt nicht die Homosexualität an sich, sondern verantwortungslosen und beziehungsfreien Sex. Die Ehe sei der gottgegebene Schutz- und Beziehungsraum. Die Reformatoren hatten dabei die Beziehung von Mann und Frau vor Augen. Für verantwortungsvoll gelebte, von Herzen getragene, liebevolle, treue homosexuelle Partnerschaften fehlte ihnen noch die Vorstellungskraft. Jedoch entzogen die Reformatoren auf der anderen Seite der Ehe den sakramentalen Charakter einer göttlichen Institution. Jesus Christus habe anders als bei der Taufe oder dem Abendmahl die Ehe nicht eingesetzt. So wird die reformatorische Ehe nicht in der Kirche, sondern vor der Kirche bürgerlich geschlossen. Der kirchliche Segen dazu ist nichts weiter als der im Gottesdienst allen zugesprochene Segen Gottes, unter den sich das frisch vermählte Paar nun erstmals gemeinsam stellt. Auch in diesem Sinne ließe sich die kirchliche Trauung oder Segnung auf homosexuelle Paare ausdehnen, ohne die biblisch-reformatorischen Wurzeln zu kappen. In den Bekenntnisschriften unserer Evangelisch-Lutherischen Kirchen schreibt Martin Luther in seinem Traubüchlein:

> *Weil die Hochzeit und Ehestand ein weltlich Geschäfft ist, gebührt uns Geistlichen oder Kirchendienern nicht darin zu ordnen oder regieren ... Aber so man von uns begehret, sie vor oder in der Kirche zu segnen, über sie zu beten oder sie auch zu trauen, sind wir schuldig, dasselbe zu tun.*
>
> BSELK 2014, 900f.

Verschiedene Kirchen gewichten die unterschiedlichen Aspekte einer Ehe und kirchlichen Trauung sehr unterschiedlich. In der Vergangenheit haben sie dabei Menschen mit Geschlechtsidentitäten und sexuellen Orientierungen außerhalb der heteronormativen Frau-Mann-Beziehung meist ausgegrenzt und verletzt. Den unterschiedlichen Traditionen und biblischen Bewertungen ohne Ausgrenzungen und Absetzbewegungen gerecht zu werden, ist kein einfacher, aber ein möglicher Weg.

Diese Möglichkeit eröffnet uns Jesus Christus selbst. Er kann um der Liebe willen Gebote außer Kraft setzen. So heilt er am Sabbat. Er kann sich um der Liebe willen über Reinheitsgebote hinwegsetzen. Zu ihnen gehören auch die meisten Gebote, die die Sexualität betreffen, auch diejenigen, die einige Ausleger als Ablehnung von Homosexualität deuten.

Für Paulus ist es mit Jesus Christus unvorstellbar, sich in ethischen Fragen an den Geboten des Ersten Testaments zu orientieren. Zur Freiheit hat uns Christus befreit! So steht nun fest und lasst euch nicht wieder das Joch der Knechtschaft auflegen! (Galater 5,1). An deren Stelle setzt er aber nicht die Beliebigkeit, sondern die Liebe: Ich lebe im Glauben an den Sohn Gottes, der mich geliebt und sich selbst für mich dahingegeben hat (2,20).

Solche Liebe grenzt Menschen nicht aus, sondern nimmt den Nächsten an. Die Gebote Gottes waren für Paulus eine Hilfskonstruktion angesichts einer Menschheit, die die Liebe mit Füßen getreten hatte. Sie hielten dem Menschen sein Scheitern vor Augen. Nun aber ist Gottes Liebe in Jesus Christus offenbar geworden. Deshalb bleiben die alten Gebote Gottes aus einer lieblosen Zeit für ihn nur insofern relevant, als sie ganz von der Jesus-Liebe durchdrungen sind. Dazu gehört das Gebot zur Nächstenliebe: Liebe deinen Nächsten wie dich selbst! (3. Mose 19,18; Galater 5,14). In der Frage, wie wir homosexuellen Menschen begegnen, sollten wir uns darum einzig und zu allererst von dieser Liebe leiten lassen.

Angstfrei Trans* im Gottesdienst und in der Kirchengemeinde

Bei der Erstbegegnung mit einem Kirchengebäude fällt einer der ersten Blicke in Kirchen auf den Schriftentisch. Nicht ganz selten liegen dort, von wem auch immer, ausgelegte trans*feindliche Traktate, Schriften, Unterschriftenlisten und Petitionen aus. Geht's noch? Selbst denen, die zur Zeit von Jesus unter dem Vorwurf „sexueller Verbrechen" standen, begegnete er voller Annahme, Respekt und Liebe. Transidente oder homosexuelle Menschen werden in manchen dieser Papiere lieblos gezeichnet, entwürdigend herabgesetzt, verachtet oder gar verdammt. Allein deren Existenz wird als Bedrohung für ein idealtypisches Familienbild gesehen. Jesu liebevolle Annahme der schöpfungsvielfältigen Menschen egal welchen Geschlechts findet in solchen Flyern keinen Raum.

Ohne durch die Transidentität unseres Kindes sensibilisiert zu werden, wäre es mir aber auch als Liturg nicht bewusst geworden, welche Qualen ein Psalmgebet auslösen kann. Es tut in einer Gestaltungsvielfalt gut, das Wechselgebet zwischen Liturgin, Liturg und Kirchengemeinde oder zwischen den Hälften des Kirchenschiffes durch andere Einteilungen zu bereichern. Doch wo soll sich eine transidente Person bei der Einteilung zwischen Frauen und Männern zuordnen, die sich nicht vor der Gemeinde outen möchte? Darüber hinaus gibt es auch andere Christ*innen, die sich keinem der angebotenen Geschlechter zuordnen können oder wollen. Vielleicht wäre es hilfreich, in diesem Fall kreativer zu sein und solche Wechselgebete zwischen geraden und ungeraden Schuhgrößen oder nach mehrheitlich hellen oder dunklen Sockenfarben zu sprechen?

Auch in Kinder- und Jugendgruppen wie auf Freizeiten sind Einteilungen nach Geschlecht häufig und beliebt. Wer vollständig transformiert ist, hat damit vielleicht für sich kein Problem, ist aber sensibilisiert für die Nöte derer, die noch auf dem Weg sind. Achtsamkeit ist aber auch bei der Zimmer- und Zeltvergabe vonnöten. Geschah ein öffentliches Outing, finden sich sicher „Beschützer*innen", die für den geschützten Raum der transidenten Person einstehen. Transjungen jedoch haben Nöte, wenn sie einen Binder tragen, den sie nachts ablegen sollten. Und manchmal haben Eltern ihre (unbegründete) Not, ein transidentes Kind im Zelt ihres Kindes zu wissen. Hier sind dann vertrauliche Gespräche vonnöten. Oftmals sind die Kinder und Jugendlichen unkomplizierter als die erdachten Konstrukte der Eltern und Camp-Leitung.

Trans* und die Klofrage

Die hetzerischsten und vermeintlich volksbelustigenden Beiträge auf Wahlkampfpodien sind die, die sich gegen den „Genderwahn“ wenden und sich mit der Klofrage befassen. In meinem Land wird menschenverachtender Hass populistisch aufgebläht, zelebriert und leider auch gefeiert. Das beschämt mich. Auch innerkirchlich wird dieses Thema im Kampf- oder Bekenntnismodus traktiert, dabei geht es um eine zutiefst menschliche Not: Der Gang auf die öffentliche Toilette ist ein Bekenntnis zum eigenen Geschlecht. Dieses kann vor der vollständigen Transformation den Klogang einer transidenten Person verhindern. Das trifft aber weitaus mehr Personengruppen: intersexuelle Menschen, die mit männlichen und weiblichen Geschlechtsmerkmalen geboren wurden, nichtbinäre, genderfreie oder genderqueere Menschen, Menschen nach medizinisch notwendigen, geschlechtsmerkmalverändernden Operationen und hormonellen Behandlungen. Sie können sich auf dem Gang zum öffentlichen WC als eine ausgegrenzte oder gedemütigte Minderheit empfinden. Unser Sohn* wurde vor seinem Outing daran gehindert, auf eine Frauentoilette zu gehen, weil er bereits wie ein Junge aussah. Auf die Männertoilette traute er sich damals noch nicht vor anderen, weil er noch nicht vor den anderen Jungen, die ihn kannten, geoutet war. Es war für ihn eine Klohölle.

Eine Möglichkeit öffentlicher, genderfreier Toiletten im Bestand, die nicht diskriminiert, ist deren Umbenennung in „Sitzklos“ mit ausschließlich Kloschüsseln oder „Sitz- und Stehklos“ mit Kloschüsseln und Pissoirs. Im Neubau kann es sogar günstiger sein, von vornherein auf geschlechtsunterschiedliche Toiletten zu verzichten. Am wenigstens aufregend ist die Bezeichnung aller Toiletten als WC. Der dazu sinnvolle Verzicht auf öffentlich sichtbare Pissoirs wäre auch für manche biologischen Männer eine Befreiung.

Auf dem Klo hatte Martin Luther nach eigener Aussage im Nachsinnen eines Psalmwortes seine reformatorische Entdeckung des voraussetzungs- und bedingungslos gnädigen Gottes gemacht. Reformatorische und ökumenische WCs sollten deshalb auch den voraussetzungs- und bedingungslosen Klogang ermöglichen.

Transidentität feiern

Vor dem ersten Namenstag unseres 13-Jährigen haben wir heimlich für ihn gebacken, den alten Namen von der Taufkerze abgekratzt, den neuen aus Wachsplatten ausgeschnitten und angebracht, Regenbögen auf die Muffins gesetzt und das wunderbare Kinderbuch „George“ dazu verschenkt. (Es ist eher für jüngere Kinder oder Eltern und Angehörige geschrieben.) Das alles haben wir um Kaugummis, Kekse und Luftschlangen ergänzt. Es war das schönste Lächeln und größte Glück, ihn an seinem Jakob-Day zu überraschen.

Vor lauter Überlegen, was nun mit einem transidenten Kind zu tun ist, stehen die Angehörigen in der Gefahr, das Besondere an ihrem Kind nicht wertschätzend zu feiern. Und auch erwachsene Trans*-Menschen brauchen manchmal Zeit, das Besondere an sich anzunehmen, zu genießen und feiern zu lassen. Feste sind wohltuende und heilsame Unterbrechungen kreisender Gedanken und des Kampf- oder Überlebensmodus. Sie rücken das außerordentlich Wichtige ins rechte Licht.

Es wäre wertvoll und der Bedeutung im Leben angemessen, anlässlich der rechtlichen Transition nach der amtsgerichtlichen Namens- und Personenstandsänderung eine Tauferinnerung anlässlich dieser Transition zu feiern, bei der die oder der Transidente eine erneuerte Taufurkunde mit neuem Namen überreicht bekommt und, sofern sie noch vorhanden ist, die umgestaltete oder umgegossene Taufkerze mit neuem Namen neu entzündet wird.

Den Transitionstag jährlich im Familien- und Freundeskreis mit der erneuerten Taufkerze zu begehen oder den neuen Namenstag am Tag der Findung des neuen *Namens, festigt die sozialen Bezüge.

Die Dankbarkeit für das Erreichte und die besondere Gabe der Transidentität könnte aber auch in einem Gebet Ausdruck finden. Das könnte so oder so ähnlich lauten:

Mütterlicher und väterlicher Gott!
Ich danke Dir, dass Du mich
zu Deinem Ebenbild geschaffen hast.
Und in mir steckt besonders viel
von Deiner Kreativität und Liebe.
Danke für den außergewöhnlichen
und aufregenden Weg, den Du mit mir gehst
und für jede Begleiterin und jeden Unterstützer.

Meine Wunden und Verletzungen gebe ich Dir,
damit ich darüber nicht traurig bleibe
oder verbittert werde.

Behüte mich vor allen, die noch nicht bereit sind,
Deine vielfältige Schöpfung anzunehmen;
weite ihr Herz!

Ich bitte Dich um Segen für meine Familie,
Freunde, Endokrinologin und Therapeutin
und für alle, die mir helfen, die/der zu werden,
die/der ich in deinen Augen schon bin.
Amen.

Bei Trans*Kindern könnten auch die Eltern für sie beten:

*Lieber Gott, wir danken dir für unsere *Tochter [*Name],*
mit der du uns beglückst und unser Leben bereicherst.
*Danke, dass sie heute ihren [*Name]-Tag feiert.*
Danke, dass du sie dazu berufen hast,
die zu werden, die sie jetzt ist.
Hilf ihr auf dem weiteren Weg, die zu werden,
die sie in Deinen Augen längst schon ist.

Du hast sie bei ihrem Namen gerufen,
den du schon kanntest, als wir noch ahnungslos waren.
*Heute lieben und feiern wir unsere *Tochter,*
*so, wie du heute [*Name] feierst.*
Amen.

Oder:
*Lieber Gott, wir danken dir für unseren *Sohn [*Name],*
mit dem du uns beglückst und unser Leben bereicherst.
*Danke, dass er heute seinen [*Name]-Tag feiert.*
Danke, dass du ihn dazu berufen hast,
der zu werden, der er jetzt ist.
Hilf ihm auf dem weiteren Weg, der zu werden,
der er in Deinen Augen längst schon ist.
Du hast ihn bei seinem Namen gerufen,
den du schon kanntest, als wir noch ahnungslos waren.
Heute lieben und feiern wir ihn,
*so wie du heute [*Name] feierst.*
Amen.

Das Geheimnis vom Kreuz

Das Neue Testament deutet den Kreuzestod von Jesus in vielfältiger Weise, aber stets als freiwillige Lebenshingabe des Gottessohnes und stets zum Wohl der Menschen. Eine der tiefsten Deutungen begreift den Kreuzestod von Jesus als einen von ihm freiwillig auf sich genommenen Akt inkludierender Stellvertretung. Er nimmt uns auf sich, nicht nur unsere Schuld, unsere Sorgen und unsere Lasten, sondern unsere ganze Identität. Er stirbt dabei daran, dass er auch unser Sterben auf sich genommen hat.

Diese innige Verbindung bricht selbst im Tod nicht ab. Im Wunder seiner Auferstehung hält er immer noch an uns fest, so dass wir nun an seiner Auferstehung teilhaben und in einem Wunder der Neuschöpfung endlich das werden, was wir in seinen Augen schon sind. Diese Neuschöpfung hat ihren Ausgangspunkt im Ostergeschehen, und wir entdecken sie schon jetzt als Teil von uns.

Mich berührt darum die Vorstellung des Gekreuzigten, der einen Binder trägt. In Erinnerung an Jesaja 53 trägt er in unzähligen bildlichen Darstellungen die Krankheiten und Lasten aller Menschen. So trägt er gewiss auch die Nöte transidenter Kinder, Jugendlicher und Erwachsener. Jesus trägt das Leiden derer, die am eigenen Körper leiden, der noch nicht seiner gottgegebenen Identität entspricht. Jesus leidet mit an dem transidenten Auseinanderfallen von Körper und Geschlechtsidentität. Doch während der Binder im Grab Jesu liegen bleibt, dürfen wir an seiner Auferstehung teilhaben. Sie macht uns heil und eins mit uns selbst, mit unserem eigenen Körper, der eigenen Geschlechtsidentität und eins mit dem Willen des Schöpfers. Der Körper mag heute noch der Vorläufigkeit unterliegen. Transidente Geschlechtsidentität ist aber schon jetzt Teil der Persönlichkeit im Lichte des Auferstandenen. Den Körper schrittweise an diese Geschlechtsidentität anzugleichen, ist Tun in Entsprechung zum froh machenden Osterevangelium.

Ich lasse dich nicht, du segnest mich denn!

Jakob war, soweit wir wissen, nicht transident, aber der uns biblisch überlieferte Jakob trägt viele Züge, die Trans*Menschen vertraut sind:

Das ungleiche Zwillingspaar wird mit unterschiedlichen Attributen belegt. Da ist Esau, der aushäusige Jäger mit seiner dichten Körperbehaarung schon im Mutterleib, der von seiner Arbeit erschöpft ist und dem eine Frau nicht genug ist, und der ruhige, aber nicht besonders gut kochende Jakob (er braucht dazu die Anleitung seiner Mutter), an deren Rockzipfel er zuhause hängt. Seine unbehaarte Haut bleibt glatt. Dennoch begehrt er die für ihn unerreichbar männlichen Rechte des Erstgeborenen und den damit verbundenen Segen seines Vaters. Dazu zieht er sich männlich an. Das Fell soll die fehlende Körperbehaarung vortäuschen (es gab noch kein medizinisches Testosteron). Er gibt sich auch namentlich als ein Anderer aus. Am Ende erfüllt sich sein Traum nach einer neuen Identität mit dem neuen Namen „Israel“ und schon zuvor mit dem väterlichen Segen.

Um den göttlichen Segen muss Jakob erst noch ringen. Doch am Ende geht ihm die Sonne auf. Seine

Bitte an Gott, mit dem er verzweifelt ringt, lautet: *Ich lasse dich nicht, du segnest mich denn!* Hinkend, aber gesegnet beginnt für Jakob ein neuer Lebensabschnitt.

Ich wünschte, alle Trans*Kinder, *Frauen und *Männer würden in Gottes Kirche trotz aller Verletzungen und Kämpfe an Gott festhalten und um seinen Segen bitten. Und von meiner und den anderen Kirchen wünschte ich mir, sie würde wirklich für *alle zum Segen werden.

www.trans-kinder-netz.de

Trans-Kinder-Netz e.V. ist im deutschsprachigen Raum einzigartiger Ansprechpartner für Familien mit Kindern, deren geschlechtliche Selbstwahrnehmung von dem bei der Geburt zugewiesenen Geschlecht abweicht (trans*Kindern).
In erster Hinsicht ist der Verein eine Institution kollegialer Beratung für Familien und deren Umfeld selbst. In einem geschützten Forum können sich Eltern minderjähriger Trans*Kinder austauschen und informieren.
Zunehmend ist der Verein aber auch in Prozesse der Beratung von Kitas und Schulen im Umgang mit Trans*Kindern eingebunden. Darüber hinaus ist Trans-Kinder-Netz e.V. im Rahmen der Erstellung von rechtlichen und medizinischen Leitlinien beratend tätig. Die Kinderkommission des Bundestages lud „Trakine“ als Sachverständige ein und formulierte Ende des Jahres 2017 die Stellungnahme „Queer, na und!? – LSBTIQ-Jugendliche in Deutschland“. Bei der Vorbereitung des Selbstbestimmungsgesetzes wurden die Anliegen des Trans-Kinder-Netzes gehört und in Teilen auch berücksichtigt.
Nicht zuletzt unterstützt das Trans-Kinder-Netz e.V. mediale Berichterstattungen zur Sache, z.B. den Dokumentarfilm „Mädchenseele“, Radiobeiträge oder Beiträge in Print- und Onlinemedien.

Buchempfehlung

Klaus-Peter Lüdke

„Queer mit Gott“

Bibel und Glaube unter dem Regenbogen

Zum Buch: „Queer mit Gott“ spannt einen bunten Regenbogen über queere Menschen in Bibel und Kirche. Mit biblischen Auslegungen, Einblicken in die Gegenwart queeren Lebens, einfühlsamen Gebeten bringt Klaus-Peter Lüdke die LGBTQIA+Gemeinde im Lichte der unvoreingenommenen Annahme Gottes zum Leuchten.

Die Bibel erzählt unbefangen und ohne Vorbehalte von Menschen, deren Geschlechtsidentität von ihrem Körper abweicht, die Liebe zum gleichen Geschlecht empfinden oder sich nicht eindeutig einem Geschlecht zuordnen können.

Queere Menschen sind als gleichberechtigte Ebenbilder Gottes nicht aus seiner Schöpfungsordnung gefallen, sondern sie sind Teil seiner vielfältigen und kreativen Schöpfung. Die Kultur ihrer Ausgrenzung auch aus der Kirche ist nicht gottgegeben. Es ist höchste Zeit, sie mit Gottes Hilfe zu überwinden

136 Seiten * 14,50 € * ISBN 978-3-95544-169-2

... mich gibt's auch in Englisch!!!

„Jesus Loves Trans*“

Transidentity in Family and Church

9,99 € * ISBN 978-3-95544-988-9

E-Book erhältlich bei AMAZON Kindle